라디오와 함께하는
Q&A 은퇴스토리

copyright©2015, 한화생명 은퇴연구소

한화생명 은퇴스토리 04

라디오와 함께하는
Q&A 은퇴스토리

한화생명 은퇴연구소

W미디어

머리말

설레는 은퇴를 위하여

세계에서 가장 빠른 속도로 고령화가 진행되고 있는 우리나라는 2017년이면 65세 이상 인구가 14%를 넘는 고령사회에 진입할 전망입니다. 한화생명 은퇴연구소는 2012년 설립 이래 '은퇴는 설레임'이라는 콘셉트 하에 전국민에게 긍정적인 은퇴문화를 확산시키기 위해 노력해 왔습니다. 딱딱한 재무 일변도의 설계와 강의를 벗어나, 노후 생활 전반에 걸친 다양한 이야기를 5F(Finance, Fitness, Friends, Field, Fun)에 비추어 쉽게 풀어냈습니다. 특히 '노인' 또는 '은퇴'라는 단어가 주는 어둡고 지친 이미지를 버리고 '즐겁고 설레는 노후, 존경받는 어른'의 자존심을 되찾고자 하였습니다.

올 초 사상 처음으로 개최된 '범금융 대토론회'에서 한화생명이 보험업계에서 유일하게 우수 사례("100세 시대 금융의 역할")를 보고한 후 많은 생각을 하였습니다. 한화생명 은퇴연구소가 찾아가는 은퇴 스쿨과 언론 기고 및 방송 출연, 도서 출판과 같은 다양한 행보를 하고 있지만 여전히 부족한 점이 많다고 느끼고 있습니다. 한화생명이 고령화 대응 1등 금융회사이면서도 아직도 얼마나 많은 국민들이 은퇴설계와 노후준비에 대해 갈증을 느끼고 있을지 더욱 안타까운 마음이 들었습니다.

그 동안 한화생명 은퇴연구소는 KBS1 · 2라디오와 SBS라디오, MBN, KBS울산라디오 등에 고정 또는 수시로 출연하면서 은퇴와 노후준비에 대해 알기 쉽게 설명해 왔습니다. 방송을 접하지 못한 청취자에게도 노후 준비와 은퇴 설계의 좋은 기회를 제공하고자 방송에서 나누었던 진솔한 이야기를 알기 쉽게 문답 형식으로 엮어 책으로 만들었습니다.

이 책이 우리나라를 이끌어온 베이비붐 세대는 물론 30~40대들이 행복하고 건강한 노후를 즐기는 훌륭한 길잡이가 되어 주리라 믿습니다. 지금까지 나온 세 권의 은퇴스토리에 이어 방송으로밖에 전하지 못했던 생생한 이야기를 많은 분들에게 전하게 된 점을 기쁘게 생각합니다. 앞으로도 대한민국의 행복한 인생설계를 위해 다양한 도서와 언론활동, 은퇴 스쿨을 통해 여러분과 더 자주 만나기를 기대합니다.

한화생명 은퇴연구소장
최성환

차례

머리말 설레는 은퇴를 위하여 · 4

① 카르페 디엠 Carpe Diem!

1. 왜 은퇴가 우리 사회의 화두인가? · 10
2. 피할 수 없으면 즐겨라 · 15
3. 은퇴자는 실업자가 아닙니다 · 20
4. 5F로 행복한 노후 만들기 · 25

숨겨진 은퇴 talk! 2750년 한국인 멸종!? · 30

② 나만의 은퇴설계

1. 2030세대의 현명한 은퇴준비 노하우 W · I · S · E · 32
2. 4050세대, 3W 은퇴준비전략이 필요하다 · 37
3. 6070세대의 은퇴 후 자산관리전략 · 42
4. 국민연금 더 받는 비법 · 46
5. 개인연금과 퇴직연금의 3325전략 · 51
6. 주택연금을 활용한 당당한 은퇴설계 · 56
7. 경력단절여성의 은퇴준비전략 · 61

숨겨진 은퇴 talk! 비가 올 때 필요한 것은 A · D · V · I · C · E · 66

③ 건강이 제일이다

1. 돈 걱정 건강 걱정, 불안하기만 한 노후 · 68
2. 겨울철 어르신 건강 이렇게 챙기세요 · 73
3. 행복한 노후의 복병 '고독' 해결 방안 · 78
4. 노후 복병 황혼 육아 · 83
5. 시니어 사건·사고 예방책 · 88
6. 웰빙을 넘어 웰다잉으로 · 93

`숨겨진 은퇴 talk!` 사전의료의향서, 당하는 죽음에서 맞이하는 죽음으로 · 99

④ 준비된 놈이 잘 논다

1. 인생 제2막의 성공 요인은? · 102
2. 은퇴 후 행복을 주는 은행(隱幸) 주머니를 차라 · 107
3. 성공적인 은퇴 이주에 필요한 5C · 112
4. 취미와 봉사로 꽃할배 되기 · 118
5. SNS에서 스마트한 노후 인생 찾기 · 123

`숨겨진 은퇴 talk!` 일본 시니어들의 '느슨한 창업' · 127

1

카르페 디엠 Carpe Diem!*

은퇴가 우리 사회의 화두가 되고 있습니다. 은퇴할 때 같은 돈을 가지고 있어도, 그 돈을 굴려줄 금리는 바닥으로 떨어진 반면 은퇴 후 살아야 할 기간은 자꾸 늘어나고 있습니다. 하지만 "피할 수 없으면 즐겨라"라는 말처럼 은퇴와 노후 또한 피할 수 없다면 주어진 상황에서 최선을 다하는 동시에 인생을 즐기기 위해 부부가 함께 노력하는 것이 제일입니다.

* '지금 살고 있는 현재 이 순간에 충실하라'는 뜻의 라틴어

1

왜 은퇴가 우리 사회의 화두인가?

> 첫 월급을 받은 나신입(28)군. 입사 동기와 만든 SNS 대화방은 금리가 좋은 금융 상품은 뭐고, 연금은 어떤 걸 가입했는지 등의 정보를 공유하느라 정신이 없다. 그러다가 문득 한 녀석이 묻는다. "우리 첫 월급을 받았을 뿐인데, 왜 벌써 늙어서 어찌 사나 고민을 하고 있는 거지?" … 대화방이 조용해진다.

Q1. 소장님, 여전히 바쁘게 지내시죠?

저를 찾는 곳이 없어서 제가 안 바쁘다면 우리 국민들의 노후가 그만큼 편안해지고 있다는 것인데요, 안타깝게도 점점 더 바쁘게 돌아다니고 있습니다. 한화생명 은퇴연구소가 설립된 이래 수년째 연구원들과 함께 20회 이상 재무적, 비재무적 은퇴준비에 나름 열심히 조언을 드리고 있는데요, 앞으로도 드릴 말씀이 첩첩이 쌓여 있습니다.

Q2. 예전에도 은퇴하는 사람들이 있었는데, 왜 요즘 들어 부쩍 은퇴에 대한 관심이 높아지고 있는 건가요?

제 직업병인지도 모르겠습니다만, 라디오와 TV에서 은퇴나 장수 관련 프로그램이 늘어나거나, 각종 잡지는 물론 일간 신문들도 앞다퉈 은퇴 관련 기사를 쏟아낼 때면 그만큼 은퇴와 장수에 대한 관심이 늘어나고 있다고 느끼게 됩니다. 이처럼 은퇴가 우리 사회의 화두가 되고 있는 가장 큰 이유는 두 가지, 즉 저금리와 장수 리스크라고 할 수 있습니다.

Q3. 저금리와 장수 리스크, 금리는 낮은데 살기는 오래 살아야 한다는 뜻인가요?

맞습니다. 저금리는 요즘 누구나 체감하는 부분이기도 한데요, 제 경험을 들으면 쉽게 공감하실 겁니다.

제가 1980년 군 입대를 앞두고, 산업은행이 발행하는 산업금융채권을 사러 갔습니다. 액면가 100만원짜리 3년 만기 할인채권을 48만6천원에 사면, 3년 후에 100만원을 받을 수 있었습니다. 특히 저축을 장려하던 때라 이자에 대한 세금은 없었고, 다만 방위세로 액면가의 1%, 즉 1만원만 내면 되었거든요. 3년이면 원금의 2배, 금리로 따지면 무려 26.8%나 됩니다.

당시 물가가 높기도 했지만, 우리 부모님 세대는 퇴직금이나 목돈을 은행 정기예금이나 산업금융채권 등에 넣어두면 매년

10~20%대의 이자를 받으면서 그 돈으로 생활하기에 충분했습니다. 금리 면에서 보면 행복한 세대였지요.

Q4. 그 당시에는 기대수명도 짧지 않았나요?

네, 1980년 65.7세이던 기대수명이 지금은 81세를 넘어섰고, 앞으로 더 길어질 것입니다. 옛날에는 가족은 물론 온 동네 사람들이 다 모여서 회갑 잔치를 치르는 시대였지만, 지금은 회갑 잔치가 기껏 가까운 가족들과 밥 한 번 먹는 정도가 된 것도 나름 이유가 있다고 하겠습니다.

Q5. 요즘 문상을 가보면 고인의 연세가 80대는 보통이고, 90대도 많은데요?

한 해 동안 가장 많은 사람이 사망하는 나이를 '최빈사망연

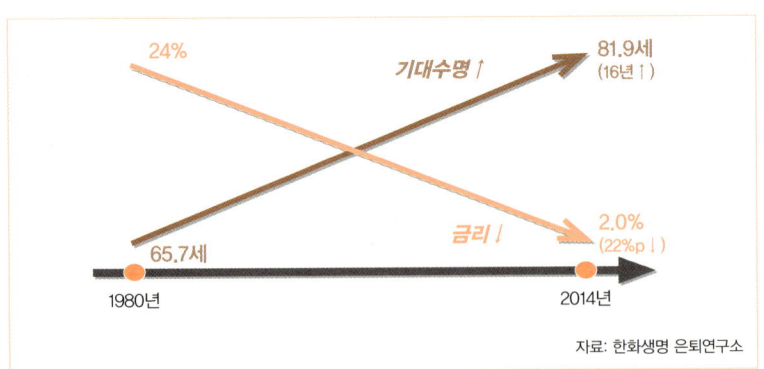

저금리와 고령화

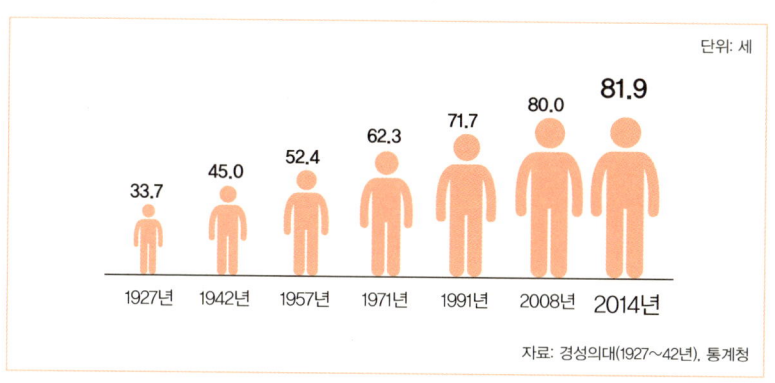

평균수명 증가 추이

령'이라고 하는데요, 우리나라는 최빈사망연령이 이미 85세를 넘어섰고, 2020년경이면 90세에 달할 것이라고 합니다. 보통 최빈사망연령이 90세에 도달하면 주변에서 100세가 넘는 어른을 흔히 볼 수 있다고 해서 '100세 시대'라고 하는데요, 은퇴한 후 살아야 하는 시간이 예상보다 길어지면 경제적 어려움, 건강 악화, 가족관계 단절 등의 위험을 겪게 됩니다. 말 그대로 오래 살게 되는 위험, 장수 리스크를 겪게 되는 것이지요. 오죽하면 "재수 없으면 100세까지 산다"는 말이 나오겠습니까?

Q6. 그러게 말입니다. 게다가 금리가 낮아지니 모아 놓은 돈으로도 살기 쉽지 않을 것 같은데요?

네, 그래서 은퇴가 우리 사회의 화두라는 것입니다. 은퇴할 때 같은 돈을 가지고 있어도, 그 돈을 굴려줄 금리는 바닥으로 떨어진 반면 살아야 할 기간은 자꾸 늘어나고 있는 거죠.

Q7. 기대수명이 늘어나면 그만큼 근로기간도 늘어나야 하는 것 아닌가요?

네, 그게 정상인데 실제로는 거꾸로 가고 있습니다. 1997년 외환위기 이후 퇴직연령이 빨라져서 요즘은 평균 53세면 퇴직을 합니다. 2016년부터 정년이 60세로 의무화된다고 하지만, 실제로 60세까지 일하기는 쉽지 않을 것 같구요, 설사 정년까지 버틴다 해도 은퇴 후 삶이 20년 이상 남아 있습니다. 국민연금이나 기초연금이 있다지만 필요한 생활비에는 턱없이 부족해서 은퇴 후 생활이 불안하기만 합니다.

Q8. 결국 결론은 각 개인들이 미리미리 준비하는 수밖에 없는 건가요?

네, 그렇습니다. 금리는 1~2%대로 갈수록 낮아지는 반면 살기는 80세, 90세까지 살아야 한다면 은퇴에서 자유로울 수 있는 사람은 그리 많지 않습니다. 은퇴가 우리 시대의 화두가 될 수밖에 없고, 또 미리미리 준비해야 하는 이유라고 하겠습니다.

Point 은퇴가 우리 시대의 화두가 된 이유?
- 저금리와 장수 리스크!

2

피할 수 없으면 즐겨라

연말을 맞아 입사 동기들과 한잔 걸치고 있는 조 부장(52). 술자리 주제는 당연히 '정년'이다. 사실 지금까지 남은 동기도 몇 없지만, 그나마 있는 녀석들도 정년까지 버틸지 자신이 없다. 다들 한숨만 푹푹 쉬고 있는데, 아니 한 놈이 '남들 다 하는 퇴직, 우리라고 다를 게 있냐?'며 껄껄 웃는다. 아니 대체 저 녀석은 뭘 믿고 저렇게 신나는지, 보고 있자니 실없는 웃음이 번진다.

Q1. 최근 노후 걱정에 모든 사람들이 소비를 줄인다는 보고서가 나왔다면서요?

한국개발연구원(KDI)에 따르면 최근 10년간 경제성장률은 연평균 4.1%인데 반해 실질 민간소비 증가율은 연평균 3.2%에 불과해 소비가 성장을 따라가지 못하고 있는데요, 특히 평균소비성향을 보면, 예를 들어 100만원의 소득이 있을 때 10년 전에는 78만원을 썼지만, 지금은 73만원만 쓴다는 결과가 나왔습니다. 이처럼 소비가 부진하고 소비성향이 낮아지는 것은 노후생활에 대한 불안감 때문이라는 분석을 KDI가 내놓았습니다.

Q2. 기대수명은 늘어나는 데 반해 은퇴 시기는 더 빨라지고 있어서 노후가 더 불안하게 느껴지는 것 같은데요?

네, 맞습니다. 1980년대 이후 기대수명은 10년에 다섯 살씩 늘어나고 있지만, 일부 업종에서는 구조조정 등으로 퇴직이 더 빨라지고 있습니다. 물론 재취업을 할 수는 있지만 만만치 않고, 대신 많은 사람이 자영업에 뛰어들고 있습니다. 정년이 60세로 의무화되더라도, 정년을 채울 수 있는 직장은 일부 공기업을 제외하고는 그다지 많지 않을 것 같습니다.

Q3. 맞벌이 부부가 늘어나는 것도 노후에 대한 불안감을 반영하는 게 아닌가요?

그렇습니다. 맞벌이 가구 비중이 2003년 35%에서 2013년 43%로 늘었는데요, 특히 자녀가 어느 정도 자란 50대 가구의 맞벌이 비중은 같은 기간 38%에서 48%로 10%포인트나 급증했습니다. 보통 미래소득에 대한 불확실성이 커질 때 배우자의 경제활동 참가율이 높아지는데요, 앞으로는 노후준비를 위해 부부가 맞벌이에 나서는 게 대세가 될 것입니다.

Q4. 그만큼 우리나라 사람들이 은퇴준비, 노후준비를 못 하고 있다는 것 아닐까요?

네, 통계청 조사에 따르면 가구주가 은퇴하지 않은 가구 중 노후준비가 잘 되어 있다고 대답한 가구는 9%에 불과한 반면, 잘 되어 있지 않다는 가구는 65%에 달했습니다. 가구주가 이미 은퇴한 가구도 생활비에 여유가 있다고 대답한 비율은 8%인데 비해, 부족하다는 비율이 62%로 압도적으로 많았습니다. 이러다보니 고용을 완전히 떠나 쉬기 시작하는 나이(유효은퇴연령)가 남성 71.1세, 여성 69.8세로 OECD 평균보다 6~7년 더 일을 하고 있는 것입니다.

Q5. 실제로 주위에서 보면 은퇴를 앞두고 노후를 걱정하는 사람들이 많고, 저부터도 은퇴하고 나면 먹고 살 수는 있는 건가? 하는 생각이 들기는 하거든요.

영국 HSBC은행이 몇 년 전, 전 세계 17개국 사람들을 대상으로 "은퇴라는 단어로부터 무엇을 떠올리느냐?"고 물었습니다. 선진국에서는 '자유, 만족, 행복'이라고 대답한 반면, 우리나라는 '경제적 어려움, 두려움, 외로움, 지루함' 순이었습니다.

선진국들은 연금제도와 노인복지가 잘 갖춰져 있어 퇴직 후 연금만으로도 어느 정도 생활이 가능하지만, 우리나라는 연금제도도 노인복지도 턱없이 부족하기 때문에 은퇴가 두렵고 외

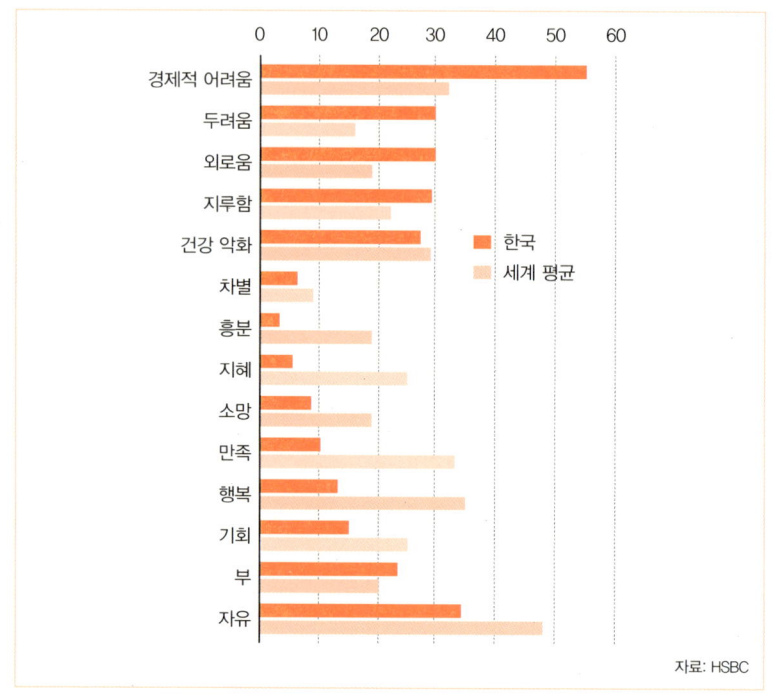

※ 전세계 17개국 30~60세 1만 7000여 명을 설문조사한 결과, 한국은 1096명

롭고 지루한 것은 당연하겠지요.

Q6. 그래도 우리가 지나치게 부정적인 게 아닌가 하는 생각도 드는데요?

저도 동감입니다. 일부에서는 노후에 6~7억원은 있어야 한다고 말하는데요, 집값이 비싼 서울 등 수도권에서 여유 있게 살려면 그 정도의 돈이 필요할 수도 있습니다. 하지만 수도권

밖으로 나가면 1~2억원 정도만 있어도 남에게 아쉬운 소리 하지 않고 살 수 있거든요. 여기다 20년 이상 직장에 다니다 은퇴한 경우라면 매월 60~80만원의 국민연금에다 기존에 가입한 개인연금과 약간의 퇴직금 등으로 20~30만원은 더 받을 수 있습니다. 중소도시나 농촌에서 월 100만원 정도면 부부가 사는데 크게 부족하지 않다는 게 지인들의 전언입니다.

Q7. 그 말씀을 들으니까 마음이 놓이기도 하구요?

아주 없으면 안 되지만 부족하면 부족한 대로 사는 것이 인생입니다. "피할 수 없으면 즐겨라"라는 말처럼 은퇴와 노후 또한 피할 수 없다면 주어진 상황에서 최선을 다하는 동시에 인생을 즐기기 위해 부부가 함께 노력하는 것이 제일이라는 생각입니다.

Point 피할 수 없으면 즐겨라!
- 노후에 대한 부정적인 시각이 팽배
- 은퇴에 대한 눈높이를 낮춰라
- 부족하면 부족한 대로 사는 것이 인생. 피할 수 없으면 즐겨라!

3

은퇴자는 실업자가 아닙니다

두 달 전 정년퇴직을 한 이성공(60)씨. 반퇴(半退)니, 사오정이니 하는 시대에 정년까지 꽉 채워 회사에 다니고, 큰아들 대학까지 잘 보냈으니 이 정도면 잘 산 것 같은데 왜 이리 내 집이 불편하기만 한지. 하긴 아직 몸은 현장에서 펄펄 날 것만 같은데 집에 들어앉아 있으니 퇴직을 한 건지, 실업을 한 건지 스스로도 헷갈린다.

Q1. 실례가 될지 모르겠습니다만, 소장님 연배가 어떻게 되시나요?

제 목소리로만으로는 잘 모르실 청취자들께 신고하자면 저는 50대 중후반으로 우리나라의 평균 퇴직연령(53~54세)은 넘겼습니다. 덕분에 제 주위에 은퇴한 선후배와 친구들이 많아서 어느 정도 은퇴에 대해 공감대를 형성하고 있습니다.

Q2. 제목에 굳이 은퇴자는 실업자가 아니라고 강조하신 이유가 따로 있으신가요?

네, 30년 이상 회사에 다니다 얼마 전 퇴직한 제 지인의 이야기를 들려 드릴까 합니다. 퇴직 후 한 금융회사에서 추천하는 상품에 퇴직금을 넣기로 하자 담당 직원이 선물을 주면서 설문지를 하나 작성해달라고 부탁하더랍니다. 문제가 이때 발생했는데요, 직업란에 표시할 곳이 없었기 때문입니다. 회사원부터 시작해서 공무원, 교사, 자영업, 학생, 주부 등 다양한 직업을 나열하고 있었지만, 어디에다 표시해야 할지 모르겠더랍니다. 그러다 눈에 띈 것이 '무직(無職)'이었다고 합니다.

Q3. 마음이 상당히 언짢았을 것 같은데요?

네, 이런 생각이 들었다고 합니다. "아니, 아무리 그래도 그렇지 30년 넘게 회사에 다니다 이제 막 은퇴를 했는데 무직이라니! 그럼, 내가 실업자란 말인가?" 억울하기도 하고, 괘씸하기까지 했다고 합니다. 그래서 "나처럼 은퇴한 사람을 위해 직업란에 '은퇴' 또는 '정년퇴직'이라는 항목을 더 만들어줬으면 좋겠다"는 말을 하고 나왔다고 합니다.

Q4. 사실 요즘 은퇴하고 있는 분들은 주로 베이비붐 세대들로서 우리 경제성장의 주역들이 아닌가요?

맞습니다. 1955년부터 1963년 사이에 태어난 세대들인데요, 이들이 처음 일터에 나선 1970년대 중후반은 철강이나 조선 등 중화학공업이 막 성장하기 시작한 시대입니다. 베이비붐 세대와 그 직전 세대들의 장시간 근로와 월남전 참전, 독일이나 중동 등지에서의 외화벌이에 힘입어 우리 경제는 1977년 1인당 국민소득 1천 달러를 넘어 1994년에는 대망의 1만 달러를 달성했고, 외환위기와 글로벌 금융위기를 거치면서도 3만 달러 시대를 눈앞에 두고 있습니다.

Q5. 그럼 이들은 1인당 국민소득이 1천 달러도 안 되는 데에서 시작해 3만 달러 시대의 기반까지 다진 세대이군요?

그렇습니다. 하지만 이들에 대한 시각이 그다지 따뜻하지만은 않은 것 같아 마음이 아픕니다. 특히 우리나라의 노인 빈곤율은 48%대로 OECD 국가 중 가장 높은 수준이어서, 은퇴하자마자 바로 빈곤층으로 전락할 것이라는 위기감이 커지고 있습니다. 실제로 2014년 1월 21일 미국 〈워싱턴포스트〉지는 "지난 수백 년간 이어온 효도사상이 약해지고 있는 가운데 고성장의 주역이었던 한국의 노인들이 과거에 겪었던 가난으로 돌아가고 있다"고 보도했을 정도로 한국의 노인 빈곤이 심각한 상황입니다.

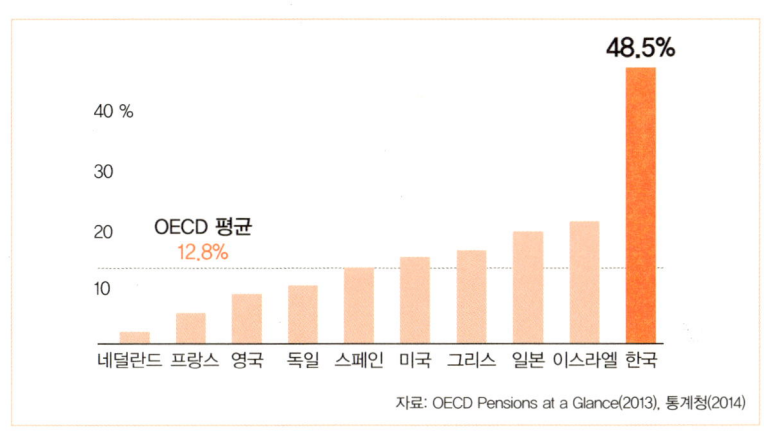
OECD 국가의 노인빈곤율 비교

Q6. 은퇴에 대한 부정적 시각을 바꾸려는 노력이 사회적 차원에서도 필요한 것 아닌가요?

맞습니다. 우리나라를 후진국에서 선진국 대열로 올려놓은 분들에게 존경과 감사의 표시는 못할망정 후배들에게 등을 떠밀려 마지못해 물러나는 늙은이 대접을 해서는 안 되는 일입니다. 또한 노후에 최소 수억 원이 필요하다면서 불필요한 불안감을 키워서도 안 됩니다. 부족하면 부족한 대로 지금부터라도 준비해야 하는 것이 노후가 아니겠습니까?

Q7. 그렇기는 하지만 그래도 은퇴하기 전부터 미리 준비를 잘 해야겠지요?

그렇습니다. 빠르면 빠를수록 좋은 게 3가지 있다고 하는데요, 첫 번째는 자장면 배달, 두 번째는 LTE 속도, 세 번째가 바로 은퇴준비입니다. 난 아직 멀었는데 하다 보면 어느새 은퇴할 때가 되는 게 인생입니다. 은퇴 후에 남에게 손을 벌리지 않고 사는 게 제일 아니겠습니까? 그래야 어른으로서의 품위도 지킬 수 있다고 봅니다. 그리고 만약 준비가 부족한 경우라도 가족과 사회, 국가가 도와줘야 할 것입니다.

Q8. 소장님께서 앞으로 적극적으로 나서 주셔야겠는데요?

저도 언젠가는 은퇴를 하게 될 텐데요, 은퇴자라는 말을 할 때 부끄럽다거나 주눅들기보다는 열심히 일한 노력을 누구에게나 자랑할 수 있는 분위기를 만드는 것이 제가 해야 할 매우 중요한 일의 하나라고 믿습니다. 적은 힘으로나마 은퇴자는 실업자가 아닌 우리가 진정으로 존경해야 할 대상이며, 사람들이 빨리 은퇴하고 싶은 사회가 되도록 열심히 노력하겠습니다.

Point 은퇴자는 실업자가 아니다

- 요즘 은퇴를 하는 세대는 한국 경제를 이끌어 온 주역!
- 열심히 일하고 물러난 은퇴자는 실업자가 아닌 우리가 존경해야 할 대상!

4

5F로 행복한 노후 만들기

> 술 잘 먹고 돈 잘 쓸 때는 금수강산이더니
> 술 못 먹고 돈 못 쓰니 적막강산일세
> 아리랑 아리랑 아라리요 아리아리 고개로 나를 넘겨 주게
> － 오랜 세월 한강을 풍미한 뗏목을 끌던 떼꾼들의
> 애절한 삶과 애환이 담긴 '정선 아리랑' 중에서

Q1. 주위에서 보면 재무적인 은퇴설계니, 비재무적 은퇴설계니 말을 하는데, 뭘 의미하는지 구체적으로 설명해 주시지요.

재무적인 은퇴설계는 돈을 가지고 내가 노후에 살 집을 설계하는 것을 말합니다. 부부가 노후를 생각했을 때 한 달에 드는 생활비가 얼마이고, 그 생활비를 어디서 조달할 것인가, 예를 들어 매월 국민연금 80만원, 개인연금 30만원, 퇴직연금 30만원씩 일단 연금만으로 140만원에다 임대소득 등을 더한 것을 가

지고 산다고 보고 계산해보는 것인데요, 그 다음에는 부모님과 자녀에게 나가는 용돈이 얼마, 자녀 결혼비용 같은 목돈은 얼마, 또 중요한 부분으로 내가 먼저 가면 배우자가 얼마 동안 홀로 살아갈지 고려해서 또 어느 정도 떼어놓는 것을 말합니다.

Q2. 그럼 비재무적인 은퇴설계는 돈 이외에 필요한 부분을 뜻하는 건가요?

네, 아무래도 생활을 하려면 먼저 돈이 필요하지 않습니까? 그래서 재무적인 설계 또는 준비를 강조하는데요, 이와 동시에 염두에 두어야 할 것이 건강, 취미생활 같은 비재무적인 부분입니다. 비재무적인 은퇴설계 또는 준비도 하루아침에 되는 게 아니기 때문에 행복한 노후를 위해서는 미리 다섯 가지를 잘 살피고 준비해둘 필요가 있습니다.

Q3. 행복한 노후를 위한 다섯 가지 요건이라, 궁금한데요?

사실 다 아시는 내용인데요, 기억하기 좋게 다섯 가지 F(5F)로 정리해보았습니다. 첫 번째 F는 뭐니 뭐니 해도 돈이다 해서 파이낸스(Finance)입니다. 노후를 준비하는 것은 집을 짓는 것과 비슷한데요, 어느 정도 돈의 여유가 있어야 설계도 하고 집을 짓는 것처럼, 은퇴설계도 내가 어느 정도 돈을 가지고 있고, 부채가 어느 정도이고, 앞으로 어느 정도 소득이 예상되는지

정확하지는 않아도 대강의 윤곽을 잡아야 한다는 것입니다.

Q4. 두 번째 F는 뭔가요?

축구 경기 보면 미드필드 이런 말 많이 들어보셨죠? 박지성 선수나 기성용 선수가 대표적인 미드필더인데요, 두 번째 F가 바로 이 필드(Field)입니다. 우리도 마찬가지로 각자 필드에서 활동하는 선수라고 본다면, 그 필드에서 내가 할 일을 나 스스로 찾아야 한다는 뜻입니다. 직장에 다니고 있다면 직장이 필드가 되겠지만, 은퇴 후에는 사진이나 글쓰기 같은 취미활동이나 자원봉사 등 소득을 얻기 위한 일자리가 아니더라도 내 시간을 의미 있게 보내기 위한 일거리를 찾아야 노후에 많은 시간을 알차게 보낼 수 있다는 뜻입니다.

Q5. 주변에 은퇴한 선배들을 보면 소일거리를 찾지 못해서 외로워하는 사람들이 많은데, 남은 F 중에 친구도 있나요?

돈 있고 할 일이 있어도 친구, 프렌드(Friends)가 없으면 재미없는 삶이 될 수밖에 없습니다. 가장 중요한 친구는 배우자, 자녀와 같은 내 가족입니다. 평소에 가족과 시간을 보내는 노력이 중요한데요, 지금 바쁘다고 은퇴한 다음으로 미룬다면 살가운 정은 다 떨어진 다음일 수도 있습니다. 그리고 가족 외에도 다양한 친구들과 사귀면서 등산이나 여행, 식도락 등 그 동안

하지 못했던 일들을 얼마든지 즐길 수 있습니다.

Q6. 돈과 할 일, 친구가 있으면 그 다음 필요한 F는 무엇인가요?

돈도, 할 일도, 사랑하는 가족과 나를 좋아하는 친구도 있다면 뭐가 부럽겠습니까! 말 그대로 인생이 즐겁고 재미있겠지요. 그래서 네 번째 F는 재미, 펀(Fun)입니다. 이제 직장을 그만두었으니 아쉬움은 털어버리고 어떻게 하면 재미있게 시간을 보낼 것인지 연구하고 실행해야 한다는 것입니다. 열심히 일한 당신, 배우자와 함께 떠나고, 친구들과 함께 즐길 때가 왔습니다.

Q7. 마지막은 아무래도 건강이겠지요?

네, 바로 건강, 피트니스(Fitness)입니다. 비재무적 설계에서 가장 중요한 것이 건강인데요, 돈이 있고, 배우자와 친구가 있더라도 건강이 없으면 일거리도 재미도 있을 수 없습니다. 평소에도 건강을 유지하기 위해 노력하고, 혹시 모를 큰병에 대비할 필요도 있습니다.

Point 행복한 노후를 만드는 다섯 가지 F

― 재무(Finance), 건강(Fitness), 가족과 친구(Friends), 일거리(Field), 재미와 여가(Fun)

2750년 한국인 멸종!?

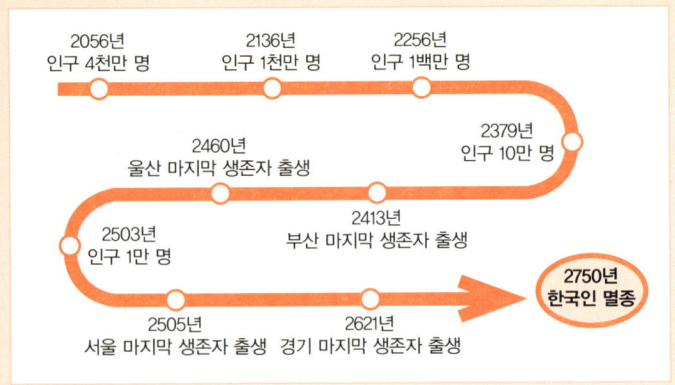

　남자와 여자가 만나 아이를 낳으니 2명은 낳아야 인구가 유지되는데요, 아이를 낳지 못하는 경우를 감안하면 2.1명은 낳아야 지금의 인구를 유지할 수 있습니다. 이를 인구 대체 합계출산율이라고 하지요. 하지만 우리나라는 합계출산율, 즉 여성 1명이 평생 낳는 자녀수가 1.19명에 불과합니다. 국회 입법조사처는 최근 합계출산율이 현재 수준인 1.19명을 계속 유지한다면 인구가 어떻게 줄어들지 예측했는데요, 이대로라면 한국인은 2750년에 멸종된다고 합니다. 인구 이동이 없다면 가장 먼저 사라지는 지역은 부산이며, 가장 마지막까지 남는 지역은 경기도라고 합니다.

2

나만의 은퇴설계

은퇴설계의 핵심은 은퇴 후 어떻게 하면 은퇴 이전과 동일하게 안정적인 현금 흐름을 유지할 것인가 하는 문제입니다. 예를 들면 43세 남성의 경우 정년이 55세라고 가정한다면 국민연금을 수령하는 65세까지 10년간 현금 흐름이 중단되게 됩니다. 결국 최소 10년 이상의 '소득절벽' 구간이 필연적으로 발생할 수밖에 없는데요. 이 소득절벽 구간을 채워줄 수 있는 가교(架橋)형 금융상품을 고려할 필요가 있습니다.

1

2030세대의 현명한 은퇴준비 노하우 W·I·S·E

높은 경쟁률을 뚫고 대기업에 입사한 김한화(29)씨. 신입사원 교육 프로그램 중에 은퇴설계 강의를 듣게 되었다. 이제 막 입사를 했는데 벌써부터 은퇴설계라니, 나이 들기 전에 빨리 나가라는 것 같아 강사의 얘기가 달갑지만은 않다.

Q1. 은퇴준비 노하우 W·I·S·E라, 특별한 의미가 있을 것 같은데요?

미국의 하버드 비즈니스 스쿨에서는 첫 수업에서 신입생들에게 인생의 지혜로운 삶이라는 내용의 W·I·S·E를 가르친다고 합니다. W는 급여(Wage), I는 보험(Insurance), S는 저축(Saving), E는 즐거움(Enjoy)을 뜻하는데요, 모아보면 "사회초년생이 첫 직장에서 월급을 받으면(W), 미래에 닥칠지 모를 위험에 제일 먼저 대비하고(I), 그 다음 남은 금액을 저축하고(S), 그 이후에 인생을 즐기는 것(E)이 지혜로운 삶"이라는 뜻입니다.

Q2. 간단하지만 명확한 메시지가 있네요. 사회초년생이 급여(Wage)를 받으면 제일 먼저 어떻게 해야 할까요?

사회초년생, 즉 2030세대의 은퇴설계나 재무설계의 키워드는 종자돈(seed money)입니다. 다른 연령대도 마찬가지이지만, 특히 사회초년생의 경우 본인의 소득(wage)이 바로 지출로 이어지는 것을 막아야 합니다. 예를 들어 신용카드로 결제한 술값이나 명품가방 지출액이 소득이 발생하게 될 달(月)에 바로 통장에서 빠져나가기 때문에 지출 통제가 어려워지는데요, 이런 경우 가능하면 체크카드를 통해 잔고 범위 안에서 사용하면 어느 정도 지출을 통제할 수 있습니다. 게다가 직장인의 경우 연말정산을 할 때 체크카드의 공제율이 신용카드보다 높기 때문에 소비억제와 절세라는 일석이조의 효과를 누릴 수도 있습니다.

Q3. 두 번째, 위험은 어떻게 대비(Insurance)를 해야 할까요?

아무리 내가 지출을 통제하고 종자돈을 모으더라도 의료비와 같이 갑자기 닥칠지 모를 위험에 대비하지 못하면 종자돈은 무용지물이 됩니다. 그래서 기본적으로 질병, 상해에 대한 의료비 보장이 필요합니다.

대표적인 것으로 '실손의료보험'이 있는데요, 병원이나 약국에서 발생한 의료비 중 국민건강보험에서 보상하는 부분을 제외한 나머지(본인부담금 및 비급여)를 보험회사가 보상해주는 민영 의료보험입니다. 실제 발생한 의료비를 적은 금액부터 보장해주고, 게다가 국민 대다수가 가입하고 있어 '제2의 건강보험'이라고 불리는 필수적인 위험 대비 상품입니다.

Q4. 그럼 이제 남은 여유자금으로 저축(Saving)을 하면 되겠네요?

저축은 크게 단기적인 종자돈을 만드는 단기저축계좌와 적지만 미래를 위한 은퇴저축계좌 두 가지로 나눌 수 있습니다. 단기저축계좌는 목돈을 만드는 것이 목적이기 때문에 최근 저금리를 감안할 때 금리나 수익률보다는 일정한 '강제성'이 중요한 포인트입니다. 반면 은퇴저축계좌는 20~30대의 경우 먼 미래의 일이다 보니 우선순위에서 밀리는 경우가 많습니다. 그렇기 때문에 은퇴저축계좌는 '언제 시작하느냐'가 중요한 포인트라 할 수 있습니다.

Q5. 언제 시작하느냐? 좀 더 구체적으로 말씀해 주시겠습니까?

빠르면 빠를수록 좋은 것이 3가지 있습니다. 첫 번째는 자장면 배달, 두 번째는 스마트폰 속도, 마지막으로 은퇴준비라고 하지요. 사회초년생에게는 특히 2가지를 강조하고 싶습니다.

하버드 경영대학원의 W · I · S · E

Harvard Business School W · I · S · E	우리나라의 현실은?
Wage 급여를 받으면	**Wage** 월급을 받으면
Insurance 리스크 관리를 위해 **보험**에 가입하고	**Enjoy** 소비하고 **즐기다가**
Saving 소비하기 전에 목표를 세워 **저축**하고	**Saving** 이렇게 살면 안 되겠다 싶어 **저축을 하고**
Enjoy 노후의 삶을 **즐기며** 살아야 한다	**Insurance** 나이가 들어 병원에 갈 일이 생기면 그때서야 **보험에 가입**

첫 번째는, 카페라테 효과입니다. 하루에 커피 한 잔 값을 아껴 꾸준히 저축하면 자신의 은퇴자금을 어느 정도 충당할 수 있다는 얘기인데요. 예를 들어 30세 남자의 경우 매월 15만원(커피값 5,000원×30일)을 기대수익률 6%의 상품에 투자한다면 은퇴 전에 약 1억원을 모을 수 있습니다.

Q.6 티끌모아 태산 뭐 이런 얘기시네요?

네, 그렇습니다. 적소성대(積小成大)의 마음으로 적은 것도 쌓이면 크게 된다는 의미입니다. 두 번째는, 언제 시작하느냐인데요, 30세에 은퇴준비를 시작하는 것과 40세에 시작하는 것은 은퇴준비 금액에 상당한 차이가 생깁니다. 예를 들어 매월 30만원씩 55세까지 기대수익률 6%인 상품에 투자를 할 경우, 30세에 시작하면 약 2억원 정도를 모을 수 있지만, 40세에 시작하면 8,700만원에 불과해 두 사람 사이에 약 1억2천만원 정도 차이가 생기게 됩니다.

사회에 첫발을 내딛는 2030세대에게는 시작이 반이라는 말이 딱 들어맞습니다. 적은 돈으로라도 꾸준히 모은다면 10년 후에 노후자금을 준비하는 것보다 훨씬 탄탄한 미래를 맞이할 수 있을 것입니다.

Point 2030세대 은퇴준비 노하우

- W·I·S·E를 기억하라
- '티끌모아 태산'의 마음으로 하루라도 빨리 시작하라

2

4050세대, 3W 은퇴준비전략이 필요하다

> 서울대 노화고령사회연구소에 따르면 베이비붐 세대의 71%는 부모 세대가 살아계시고, 80%는 성인자녀와 함께 살고 있다고 한다. 또 동거자녀의 취업비율은 35%에 불과하고, 베이비붐 세대 3명 중 1명은 신체질환을 가지고 있어서 ① 노부모 부양, ② 자녀 뒷바라지, ③ 의료비 지출 등 삼중고에 시달리는 "샌드위치 세대", "낀 세대"라 할 수 있다.

Q1. "낀 세대" 참 이러지도 저러지도 못하는 세대네요?

네, 4050세대는 위로는 부모 부양, 아래로는 자녀 뒷바라지에 대한 지출로 인해서 노후준비 시기가 점점 늦어지고 있습니다.

베이비붐 세대 680명을 대상으로 노후준비 시기를 물어보니 40~44세부터 노후준비를 시작한다는 사람이 22.5%로 가장 높았고요, 50~54세가 15.2%, 35~39세가 10.9%로 나타났습니다. 55세 이후 노후를 준비한다는 비율도 8.2%이고요, 심각한 것은 아직까지 노후를 준비하지 못하고 있다고 응답한 사람도 무려 24.4%나 된다는 것입니다.

Q2. 네 명 중 한 명이 아직도 노후준비를 못하고 있다는 것이군요. 그렇다면 낀 세대, 즉 4050세대의 은퇴준비 키워드는 무엇인가요?

재무적인 측면 만을 고려한다면 40~50대의 경우는 은퇴자금을 준비할 수 있는 마지막 시기입니다. 그렇기 때문에 자금을 모으는 것도 중요하지만 축적된 자금, 즉 보유 금융자산을 어떻게 활용할지가 중요한 포인트가 됩니다.

40대에는 자녀 사교육비, 50대에는 자녀 결혼자금이나 전세자금, 창업자금 등으로 지출할 수 있기 때문에 모아둔 돈을 어떻게 잘 활용하는지가 은퇴설계의 핵심이 됩니다. 참고로, 보건복지부 자료에 따르면 자녀 1명이 대학을 졸업할 때까지 3억 896만원의 양육비가 들고요, 결혼비용은 2012년 기준 2억808만원이 들어간다고 합니다.

Q3. 말씀하신 것처럼 4050세대는 노후준비가 쉽지 않은 것 같습니다. 그럼 모아둔 자금을 어떻게 활용해야 할까요?

4050세대의 경우는 3W 원칙을 가지고 은퇴자산 포트폴리오를 구성해야 합니다. 정해진 시점(When)에, 정해진 금액

4050세대의 은퇴준비 키워드 3W

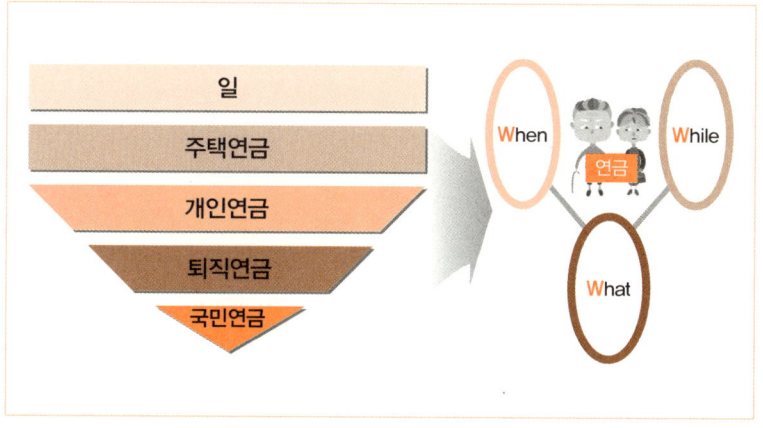

(What(how much – 얼마나))을, 일정기간 동안(While) 안정적으로 지급할 수 있는 현금 흐름을 만들어낼 수 있는 포트폴리오를 구성해야 한다는 뜻입니다.

Q4. 3W 외우기 쉬워서 좋은데요, 구체적으로 설명해 주시겠어요?

은퇴설계의 핵심은 은퇴 후 어떻게 하면 은퇴 이전과 동일하게 안정적인 현금 흐름(cashflow smoothing)을 유지할 것인가 하는 문제입니다. 예를 들면 43세 남성의 경우 정년이 55세라고 가정한다면 국민연금을 수령하는 65세까지 10년간 현금 흐름이 중단되게 됩니다. 결국 최소 10년 이상의 '소득절벽' 구간이 필연적으로 발생할 수밖에 없는데요, 이 소득절벽 구간을 채워줄 수 있는 가교(架橋)형 금융상품을 고려할 필요가 있습니다.

Q5. 소득절벽 구간은 생각도 못했는데요, 10년이나 소득이 단절된다고요?

네, 사실 정년이 60세로 연장되었다고는 하지만 4050세대들이 느끼는 체감 정년은 훨씬 짧고, 국민연금 수령시점도 점점 늦춰지고 있습니다. 참고로 1차 베이비붐 세대(1955~63년생)의 경우 국민연금 수령시점은 61~63세, 2차 베이비붐 세대(1968~74년생)는 64~65세로 정해져 있기 때문에 최소 7~12년 정도의 소득절벽이 발생하게 되는데요, 이 구간은 점점 길어지고 있는 추세입니다.

Q6. 3W 전략으로 긴 소득절벽 구간을 메울 수 있는 방법이 있나요?

쉽게 생각할 수 있는 것은 일자리를 통한 3W 전략이겠지요. 그 다음으로 생각할 수 있는 것이 '국민연금'입니다. 많은 논란의 중심에 있긴 하지만 국민연금은 물가를 반영해주면서 종신토록 지급하는 대표적인 공적 3W 상품이라고 할 수 있습니다.

직장인에게는 '퇴직연금'이 있을 수 있는데요, 현재 퇴직연금의 경우 무려 99.5%나 되는 사람이 일시금으로 수령하고 있어 노후자금으로 활용되는 비율이 매우 낮습니다. 그렇기 때문에 퇴직금, 퇴직연금의 경우 앞서 말씀드린 것처럼 자녀 뒷바라지

자금으로 소진되지 않도록 매월 지급받는 상품에 투자하는 것이 바람직합니다. 그 밖에도 주택연금이나 즉시연금을 활용하는 것도 좋은 방법입니다.

Point 4050세대의 은퇴준비 키워드

- 3W: 정해진 시점에, 정해진 금액이, 종신토록 지급되어야 한다
- 대표적인 3W 금융상품은 국민연금과 종신형 개인연금

3

6070세대의 은퇴 후 자산관리전략

60세 이상의 세대에게 노후준비, 은퇴설계에 대해서 물으면 "직장에서 은퇴를 했는데 새삼 무슨 은퇴설계?"라며 고개를 갸웃한다. 복잡한 인생 더 이상 신경 쓰고 싶지도 않고, 그럭저럭 살아갈 수밖에 없다는 자조적인 느낌마저 든다. 하지만 은퇴를 했다고 있는 돈 그냥 쓰면서 무작정 아끼는 것만으로 100세 시대를 무사히 버틸 수 있을까?

Q1. 이미 은퇴를 한 6070세대에게도 은퇴설계가 필요한가요?

물론입니다. 정기적인 소득이 없을 수 있는 60세 이후에는 젊은 세대와는 조금 다른 방향의 은퇴설계가 필요한데요, 적든 많든 은퇴 전에 모아둔 자산을 얼마나 계획적으로 지출하고 배분하느냐에 따라 노후생활이 달라지기 때문에 60세 이후의 은퇴설계가 더욱 중요하다고 할 수 있습니다.

Q2. 6070세대의 계획적인 지출과 자산분배에 대해 구체적으로 알려주시겠어요?

은퇴생활은 연령에 따라 크게 활동기(60~69세, go-go years), 회상기(70~79세, reflective years), 간호기(80세 이후, care years)로 구분할 수 있습니다.

활동기에는 은퇴 전에 미뤄두었던 여행이나 모임활동과 같은 적극적인 소비환경에 놓이게 되기 때문에 은퇴자산에 대한 통제가 느슨해져 소비가 급증할 수 있습니다. 실제로 통계청의 고령자 조사에 따르면 은퇴 후 가장 하고 싶은 활동으로 1위가 여행(50.0%), 2위가 사교 관련 활동(29.4%)이라고 응답했다고 합니다. 이처럼 활동기에는 각자 라이프 스타일이 다를 수는 있지만, 오랫동안 신중하게 아껴온 자산을 상당 부분 소진할 우려가 있기 때문에 회상기에 비해 많은 자금을 필요로 합니다.

Q3. 회상기, 간호기에는 지출이 줄어드나요?

은퇴생활의 두 번째 단계인 회상기에는 적극적인 활동을 하던 은퇴 초기를 보낸 후 70대에 들어서는 시기인데요, 활동기나 간호기에 비해 자금 지출은 상당히 낮지만, 건강에 문제가 발생할 수 있기 때문에 준비가 필요한 시기라는 점을 유념해야 합니다.

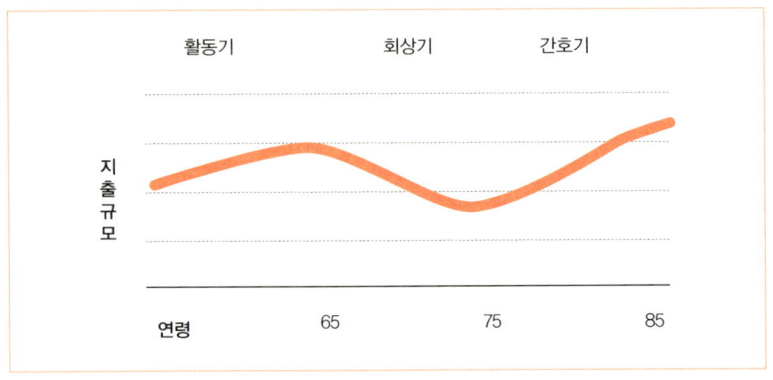

은퇴생활의 마지막 단계인 간호기에는 상당수가 거동이 불편해지고, 뇌졸중이나 치매와 같은 치명적인 병에 걸리기도 해 타인의 간호가 필요한 시기입니다. 결과적으로 은퇴 시기 중 가장 많은 비용이 소요되는데요, 이 때 발생하는 거액의 치료비나 간호비용에 대한 대비를 해두어야겠지요.

Q4. 노후에는 있는 돈을 그냥 아껴 쓰면 된다고 생각했는데, 그게 아니었군요?

네, 가능하면 앞에서 말씀드린 '은퇴 후 인생주기(post retirement cycling)'에 따라서 은퇴자산 인출비율을 달리할 필요가 있습니다. 좀 더 쉽게 말해, 활동기에 은퇴자산의 40~50%, 회상기에 20%, 간호기에 30~40%를 지출할 수 있도록 계획을 세워두면 좋을 것 같습니다.

Q5. 결국 은퇴 직후에 별다른 생각 없이 돈을 소진해버려 정작 의료비나 간병비가 필요할 때에 자금이 부족하지 않도록 대비할 필요가 있다는 말씀이네요.

네, 그렇습니다. 한국보건사회진흥원에 따르면 생애주기별 1인당 의료비용이 남성 9천5백만원, 여성 1억1천만원 정도 드는데요, 65세 이상에서 발생하는 비용이 남성 4천5백만원(47%), 여성은 5천8백만원(52%)을 차지한다고 합니다. 즉 65세 이후에 나가는 의료비가 평생 지출하는 의료비의 절반이라는 것이지요.

이러한 점을 고려하면 은퇴 이후 발생하는 의료비를 반드시 사전에 마련해두어야 하겠습니다.

Point 6070세대의 은퇴준비 키워드

- 은퇴 후 단계별 자산 인출 전략이 필요
- 특히 거액의 의료비 지출 가능성에 유의

4

국민연금 더 받는 비법

2014년 12월, 국민연금제도가 도입된 이후 처음으로 수급자가 400만 명을 넘어섰다. 이처럼 국민연금 수급자가 많아지고 있지만 정작 국민연금에 대해 잘 모르는 사람들이 많다. 은퇴설계의 가장 기본이라고도 할 수 있는 국민연금. 챙겨두면 유익한 국민연금 더 받는 비법에 대해 알아보자.

Q1. 최근 기사를 보면 국민연금에 대한 의존도가 높아졌다는데, 실제로 그런가요?

네, 노후준비를 국민연금에 기대는 예비 은퇴자가 늘고 있습니다. 통계청에 따르면 국민연금에 대한 노후 의존도는 2007년 33.3%에서 2013년 55.1%로 6년 새 크게 늘었는데요, 특히 2008년부터 가입기간이 20년 이상인 '완전노령연금 수급자'가 나오기 시작하면서 연금 수령액 규모도 빠르게 커지고 있습니다. 국민연금 1인당 평균 수령액은 32만2천원 수준이고, 완전노령연금의 평균 수령액은 86만8천원으로 결코 적지 않은 금액이죠.

Q2. 솔직히 국민연금 체계가 복잡해서 일반인들은 도통 이해하기 쉽지 않던데요?

국민연금은 기본적으로 본인의 소득수준과 가입기간이 반영돼 정해지는 기본연금액과 소득수준이나 가입기간과는 상관없이 수급자의 부양가족 수에 맞춰 일정한 금액으로 지급되는 부양가족연금액이 있습니다.

국민연금을 많이 받기 위해서는 기준이 되는 소득수준이 높고 가입기간도 길어야 하는데요, 소득수준을 높이기는 쉽지 않기 때문에 가입기간을 연장하는 방법이 최선입니다. 가입기간을 늘리는 방법 중 하나는 '납입 예외기간'이 있다면 살리는 것입니다.

Q3. 국민연금에 '납입 예외기간'이란 것이 있나요?

네, 일반적으로 근로자가 직장을 옮기는 전직기간 동안은 보험료가 자동으로 청구되지 않는데요, 이 시기를 '보험료 납입 예외기간'이라고 합니다. 이 근로자가 다시 직장을 구하면 보험료 납입 예외기간의 보험료를 '추납금' 형태로 낼 수 있는데요, 대부분의 가입자들이 이런 추납금 제도에 대해 모르는 경우가 많습니다. 추납금에는 별도의 연체이자도 없기 때문에 이왕이면 나중에 여유가 생길 때 국민연금을 추납해서 납입 예외기간을 살리는 것이 유리하다고 할 수 있죠.

Q4. 또 다른 방법에는 어떠한 것이 있나요?

두 번째는, 납입기간 자체를 늘리는 것입니다. 국민연금은 원래 60세까지만 납입할 수 있는데요, 60세가 되는 시점의 가입기간이 10년이 되지 않으면 납입기간 미달로 연금이 아닌 일시금으로 받게 됩니다. 이때 연장을 신청해 10년을 채우면 연금으로 받을 수 있게 되는데요, 이를 '임의 계속가입'이라고 합니다. 임의 계속가입은 연금을 받기 시작하면 신청 자격이 사라지니 그 전에 신청해야 합니다.

건강에 자신이 있고, 여유가 있는 사람들 가운데는 가입기간이 10년이 넘었어도 65세까지 계속해서 추가 납입해서 연금 가입기간을 늘려 연금액을 높이는 경우도 있습니다.

Q5. 60세 이후에 소득이 많으면 국민연금이 감액된다는 이야기를 들었는데 사실인가요?

네, 그렇습니다. 방금 말씀해주신 내용은 '재직자 노령연금'인데요, 60세 이후에 일정 수준 이상의 소득이 있으면 연령에 따라 국민연금 수급액을 감액해서 지급합니다. 2014년 기준소득액은 월 198만원인데요, 쉽게 말씀 드리면 한 달에 198만원 이상을 버는 경우 국민연금 수령 첫해에는 50%만 지급되고, 그 다음해는 원래 받아야 할 금액의 60%, 그 다음해는 70% … 이런 식으로 매년 10%씩 회복돼 지급받게 됩니다.

Q6. 한 푼이 아쉬워서 일을 하는 것일 수도 있는데, 소득이 많다는 이유로 보험금을 깎아서 주면 억울한 것 아닌가요?

네, 고소득자 입장에서 보면 충분히 억울하겠지요. 하지만 이 제도는 한정된 재원으로 좀 더 많은 사람들에게 혜택을 주기 위한 것이고요, 연금이 보편화된 선진국에서도 일반적인 제도입니다.

그리고 재직자 노령연금 대상자도 연금 수급시점을 5년 뒤로 미루면 감액 없이 연금을 지급받을 수 있습니다. 게다가 연금 수급시점을 1년 연장할 때마다 7.2%만큼 수령액이 늘기 때문에 '연기연금' 신청을 권해드립니다.

Q7. 그렇군요. 그밖에 또 다른 제도가 있나요?

일정 자격조건을 충족하면 국민연금 가입기간을 추가로 인정해주는 '크레딧 제도'가 있습니다. 출산 크레딧은 2008년 1월 1일 이후 둘째 자녀 이상을 출산한 가입자에게 둘째 아이는 12개월, 셋째 아이부터는 한 명당 18개월씩 최장 50개월을 추가

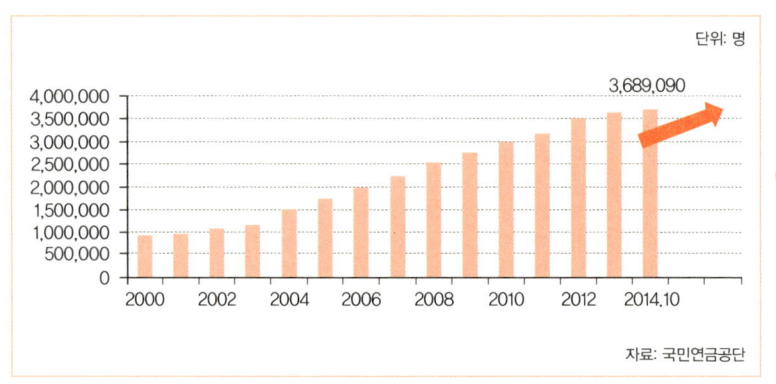

연도별 국민연금 수급자 추이

가입기간으로 인정해주는 제도이고요, 군복무 크레딧은 2008년 1월 1일 이후부터 병역의무를 이행하는 현역병과 공익근무요원에게 6개월의 국민연금 가입기간을 추가로 인정해주는 제도입니다.

> **Point** 국민연금을 더 받기 위해서는 가입기간 연장이 최선!
>
> - 납입 예외기간이 있다면 추납금 제도를 활용하라!
> - 가입기간이 10년 미만이면 '임의 계속가입'으로 10년을 채워라!
> - 은퇴 후 소득이 많다면 연금 수령시기를 미뤄라!
> - 크레딧 제도를 활용하라!

5

개인연금과 퇴직연금의 3325전략

> 현재 우리나라는 65세 이상 인구가 총 인구의 12.7%를 차지하고 있으며, 2026년에는 고령인구 비중이 전체의 20%가 넘는 초고령 국가로 진입하게 된다. 고령자가 늘어나면서 노인 빈곤 문제가 큰 이슈로 떠오를 수 밖에 없는데, 과연 정부에서는 노후소득보장을 위해 어떤 대책을 세우고 있을까?

Q1. 우리나라 노인복지 수준이 96개국 중 50위라는 보고서가 나왔다면서요?

네, 국제노인인권단체인 헬프에이지인터내셔널은 지난해 '세계 노인의 날(10월 1일)'을 맞아 전 세계 96개국의 노인 복지 수준을 점검하는 '세계노인복지지표'를 발표했습니다. 1위는 노르웨이가 차지했고요, 스웨덴, 스위스, 캐나다, 독일 등이 뒤를 이었습니다. 우리나라는 50.4점으로 50위를 기록했는데요,

지난해 67위보다 많이 오르긴 했지만, 여전히 중하위권에 머물러 있습니다.

Q2. 지난해 경제성장을 감안하면 기대에 비해 낮은 순위인 것 같은데요?

네, 그렇습니다. 우리나라는 올해 국민소득 3만 달러, 인구 5천만 명 이상인 30-50클럽에 가입할 것으로 보이는데요, 현재 30-50클럽에 가입한 나라는 미국, 일본, 독일, 영국, 프랑스, 이탈리아 등 6개국에 불과해 우리가 가입을 하게 된다면 명실상부한 선진국 대열에 올라선다고 할 수 있습니다. 하지만 이러한 성장에 비해 노후소득 보장수준은 낮은 수준에 머물러 있기 때문에, 노인 빈곤의 심각성에 대한 국가적인 논의가 필요한 시기입니다.

Q3. 정부에서는 노인복지를 위한 논의가 잘 이루어지고 있나요?

네, 작년 8월 정부는 안정적이고 여유로운 노후생활 보장을 위한 '연금세제개편'과 '사적연금 활성화 대책'을 발표했는데요, 간단히 세금에 관한 내용을 말씀 드리려고 합니다.

지금까지는 세제혜택으로 연금저축계좌(연금저축보험, 연금저축펀드 등)와 퇴직연금계좌(DC, IRP)에 연간 한도 400만원까지만 세액공제(12%)를 해왔는데요, 이번 세제개편을 통해 연금계좌

세액공제 한도와는 별도로 퇴직연금에 300만원을 추가납입하는 경우 연간 700만원까지 세액공제를 받을 수 있게 되었습니다.

Q4. '추가납입'이라고 말씀하셨는데, 그럼 퇴직연금에 추가납입을 하려면 어떻게 해야 합니까?

직장인이나 자영업에 종사하시는 분이 금융기관을 통해 퇴직연금(DC, DB형)에 가입하고 있다면, 크게 세 가지 방법이 있습니다.

하나는 확정기여(DC)형 가입자가 자신의 DC형 계좌에 추가납입하는 것이고요, 다른 하나는 확정급여(DB)형 가입자가 IRP계좌(개인형 퇴직연금)를 개설하는 것입니다. 마지막으로, 기존에 IRP계좌를 보유하고 있는 사람은 여기에 추가납입을 하는 방법도 있습니다.

Q5. 세액공제 금액이 400만원에서 700만원으로 확대되었다는 말씀이네요. 또 어떤 것들이 있나요?

앞으로는 퇴직금을 연금으로 수령하는 경우 일시금으로 받을 때보다 30% 정도 세액을 경감해주기로 했습니다. IRP계좌는 근로자가 이직을 할 때 퇴직금이 조기에 소진되는 것을 방지해 노후자금으로 연결될 수 있도록 도입된 계좌인데요, 현실은 퇴직 후 한 달 이내에 퇴직금을 일시금으로 찾아가는 사람

우리나라의 노인복지 수준

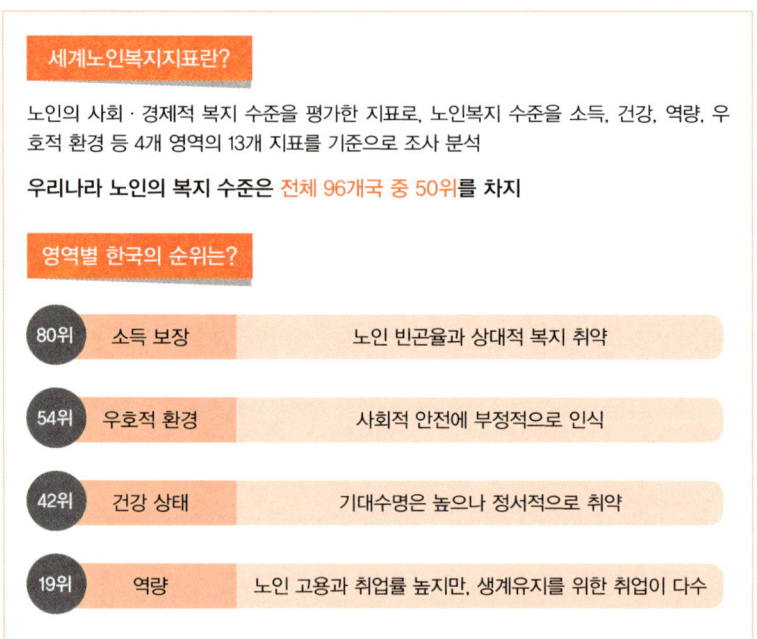

이 대부분이고, 실제 노후생활비로 활용하는 비율은 8%밖에 되지 않는다고 합니다.

정부는 이번 개편을 통해 근로자들이 일시금보다 연금을 수령하도록 유도해 노후 생활비를 보전하게 한 것이지요.

Q6. 앞으로 일반근로자들이 노후소득보장을 위해 어떻게 대비하면 좋을까요?

저금리 환경 속에서는 세금이라도 줄여야 할 텐데요, '3325

전략'을 기억하면 좋을 것 같습니다. 쉽게 설명하자면, 매달 연금저축(보험, 펀드, 신탁)으로 33만원을 불입하고, 퇴직연금(DC, IRP)으로 25만원을 내면 매년 세금을 최대 92.4만원 줄일 수 있습니다. 나아가 퇴직금을 가능하면 일시금이 아닌 연금 형태로 수령하면 세액을 30% 정도 감면받을 수 있다는 점도 충분히 활용할 필요가 있습니다.

> **Point** 근로자의 노후 소득보장을 위한 '3325전략'
>
> - 매달 연금저축에 33만원을 넣고,
> - 퇴직연금(DC, IRP)에 25만원을 내면
> - 매년 최대 92.4만원의 절세 효과!

6

주택연금을 활용한 당당한 은퇴설계

딸 둘에 아들 하나, 나름 자식농사 잘 지었다고 생각하며 살아온 박 씨. 올해 막내아들까지 결혼시키고 나니 남은 재산이라고는 현재 아내와 살고 있는 138m²(42평) 아파트 한 채가 전부다. 나이 들어서도 이래저래 돈 들어갈 곳은 많은데 정기적인 소득이 없어 고민하던 차에 며칠 전 지인으로부터 주택연금에 대해 듣고 가입할지 고민 중이다.

Q1. 최근 주택연금에 대해 관심을 갖는 분들이 주변에 많아졌는데요, 주택연금은 한 마디로 어떤 상품인가요?

주택연금은 만 60세 이상의 고령자가 자신이 보유한 주택을 담보로 평생 혹은 일정기간 동안 매월 연금 방식으로 노후생활 자금을 지급받는 일종의 역(逆)모기지 상품입니다. 지난 2007년 도입 때만 해도 상품이 복잡하고 집을 담보로 잡힌다는 불안감 때문에 인기가 적었지만, 국가가 지급과 거주를 보장해주고, 생활비와 주거를 동시에 해결할 수 있다는 장점이 알려지면서 이용자가 빠르게 늘고 있죠.

Q2. '역(逆)모기지'란 개념이 어렵던데요, 설명 좀 해주시겠어요?

우리가 알고 있는 일반적인 주택담보대출을 모기지 대출이라고 하는데요, 집을 담보로 목돈을 한 번에 대출받고, 원리금은 일정기간 동안 나눠서 갚기 때문에 시간이 지나면 점점 대출액이 줄어드는 구조입니다.

반면, 역모기지는 대출금이 일시에 나오는 게 아니라 매달 일정액이 연금처럼 지급되는 상품으로, 모기지 대출과는 반대로 시간이 지나면 대출액이 점점 커지는 구조이죠. 그리고 계약의 마무리는 집을 매각해 종료시점에 일시불로 갚기 때문에 주로 은퇴자들이 이용하는 상품입니다.

Q3. 그런데 주택연금은 정부가 보증을 해준다고요?

네, 주택연금으로 받게 될 연금 총액은 주택의 가치를 기준으로 정해지는데요, 가입자가 연금을 받으면서 예상보다 오래 살거나, 사망 후 집값이 큰 폭으로 떨어지면 금융기관은 손실을 보게 되겠죠. 주택연금은 주택금융공사가 이런 상황에 관계없이 가입자의 연금지급과 주거를 보장해주는 상품입니다. 반대로 나중에 집을 팔아 대출액을 갚고도 집값이 남는 경우엔 그만큼 상속인에게 돌려주니 여러 모로 장점이 많습니다.

Q4. 그렇군요. 주택연금은 누구나 가입할 수 있는 건가요?

주택연금은 기본적으로 부부 기준으로 1가구 1주택자이고, 주택 소유주가 만 60세 이상일 때만 가입이 가능합니다. 부부 공동명의라면 한 명만 만 60세가 넘어도 됩니다.

전체 가입자의 월평균 수령액은 약 98만원인데요, 주로 서민층에서 가입을 많이 하고 있습니다. 주택금융공사 홈페이지에 들어가 보면 간단한 연금수령액 계산기가 있으니, 가입을 고민하시는 분은 한 번 계산해보면 좋겠네요.

Q5. 가계자산 중에 부동산이 차지하는 비중이 크다는 점을 감안하면 주택연금이 좋은 대안이 될 수 있을 것 같다는 생각이 드는데요?

네, 대부분 자녀 교육시키고, 시집장가 보내고 나면 남은 재산이라고는 달랑 살고 있는 집이 전부인 경우가 많은데요, 이분들은 노후를 위해 활용할 수 있는 자산이 주택 말고는 거의 없는 셈이지요. 실제로 주택연금 가입자의 월 소득 중 주택연금이 차지하는 비중이 70%에 달한다고 합니다.

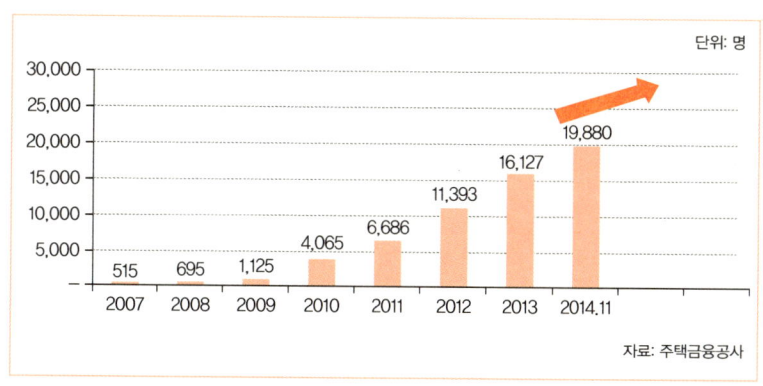

주택연금 가입 추이

Q6. 주택연금이 효자라는 말이 괜히 나온 게 아니네요. 그런데 주택연금에 가입하면 내심 주택 상속을 꿈꿨던 자녀들은 좋아하지 않을 수도 있겠는 걸요?

네, 실제로 주택연금에 가입했다가 취소하시는 분 가운데 약 45%가 아들이나 며느리 등 가족의 반대로 취소를 했다고 합니다. 하지만 요즘은 주택을 더 이상 상속의 대상으로 보지 않는 경우도 많고, 자녀에게 손을 벌리고 싶지 않다고 생각하는 분도 많아 주택에 대한 생각이 예전과는 많이 달라지고 있습니다.

Q7. 부모님께 충분한 용돈을 드릴 자신이 없으면 부모님의 주택연금 가입을 막을 권리도 없겠다는 생각이 드네요. 끝으로 유의해야 할 점이 있다면요?

주택연금 가입자는 해당 주택에 거주할 의무가 있습니다. 따라서 계약기간 중 1년 이상 집을 비우거나, 전세를 주고 이사를 가면 계약이 해지될 수 있으니 주의해야 합니다. 또 주택연금은 일단 가입하면 매매나 추가대출에 제한이 생기고, 중도 해지시 5년 내 같은 주택으로 가입할 수 없다는 점도 미리 알아두면 좋습니다.

Point 주택연금을 활용한 당당한 은퇴설계

- 9억원 미만 1가구 1주택 60세 이상 가구주면 가입 가능
- 주택연금은 평생 생활비와 거주를 동시에 해결할 수 있어 자녀에게 기대지 않는 경제적 자립을 위한 최선의 선택
- 단, 1년 이상 집을 비우거나 전세를 주고 이사 가면 해지될 수 있음

7

경력단절여성의 은퇴준비전략

> 중학생 아이 둘을 키우고 있는 40대 전업주부 유 씨. 남편이 출근하고, 아이들이 학교에 가면 오후까지 크게 바쁜 일이 없다. 결혼을 하면서 일을 그만두었는데, 집에만 있는 생활에 때로 무료함을 느낀다. 10여 년 후면 남편이 은퇴하고 아이들도 독립할 텐데 노후준비도 걱정이 되고, 조금 겁은 나지만 건강할 때 일을 다시 시작해보면 어떨까….

Q1. 먼저 '경력단절여성'이란 정확히 어떤 뜻인가요?

경력단절여성이란 여러 가지 이유로 일을 그만두고 전업주부가 된 여성을 말합니다. 건강에 문제가 있는 경우를 제외하면 자신의 선택에 따라 남들보다 이른 시기에 '은퇴'한 경우라고 볼 수 있겠습니다.

Q2. 경력단절, 남성에게서도 일어날 수 있는데 특별히 여성에게 주목하는 이유는 무엇인가요?

가장 큰 이유는 우리나라 여성들의 경력단절 비율이 높기 때문인데요, 특히 여성의 경제활동 참가율이 20대 후반 72%에서 가정을 이루는 30대에는 50% 중반까지 줄어듭니다. 여성들의 경력단절 사유는 결혼이 45.9%로 가장 많고요, 육아, 임신과 출산, 자녀교육이 그 뒤를 이었습니다. 즉, 일과 가정생활을 병행할 수 없어서 경력을 포기하게 되는 것이지요.

Q3. 경력단절의 문제는 무엇인가요?

가계 소득원이 하나로 줄어드는 점이 가장 큰 문제이고요, 또 직장을 다닐 때 가입했던 국민연금과 퇴직연금 납입이 중단되면서 여성 본인의 노후준비에도 소홀해지기 쉽습니다. 심리적인 면에서도 오랜 시간 아내이자 어머니로 살아온 갱년기 여성의 경우 자신의 정체성에 대해서도 의문을 느끼게 되는데요, 특히 회사생활을 해본 여성은 사회에서 다시 한 번 자신의 존재감을 찾고 싶은 마음이 강할 수 있습니다.

Q4. 그럼 경력단절여성이 노후를 대비해 어떤 전략을 세워야 할까요?

소득과 자아실현을 둘 다 잡을 수 있는 방법으로 재취업을

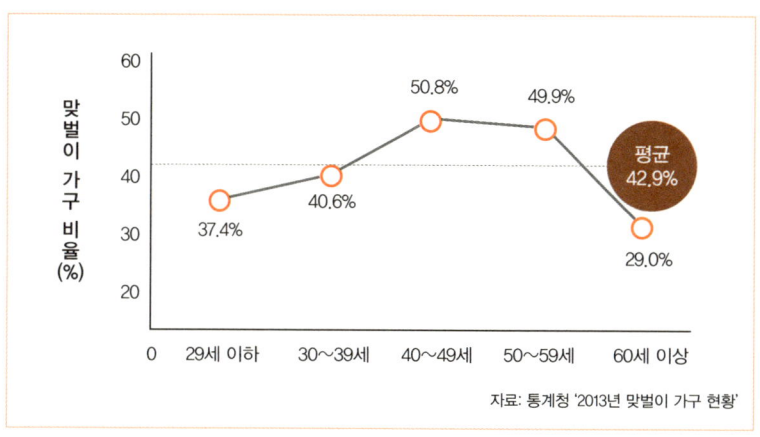

추천합니다. 아이가 크면 엄마의 손길을 덜 필요로 하게 되는데요, 이때 낮시간을 활용하면 좋을 것 같습니다. 또 월급을 생활비에 보탤 수 있다는 현실적인 이유도 무시할 수 없을 것 같은데요, 한국보건사회연구원에 따르면 여성들은 재취업의 가장 중요한 목적으로 무려 72.5%가 가정경제 보탬을 선택했다고 합니다.

Q5. 재취업, 쉽지만은 않을 것 같은 데 재취업에 나서는 여성들이 많은가요?

30대에 50% 중반까지 떨어졌던 여성의 경제활동 참가율이 40대 이후 다시 60% 이상으로 올라가는데요, 바꾸어 말하면 40대 이후 맞벌이 가구가 늘어나 두 집 중 한 집이 맞벌이를 하는 셈입니다. 또한 한 해 신입 비정규직의 60%가 55세 이상 여성이라는 발표도 있는 만큼 재취업이 40대에 국한된 것은 아니라는 것을 알 수 있습니다.

정부와 기업 차원에서도 여성의 재취업을 통한 경제 활성화를 도모하고 있는데요, 경력단절여성을 대상으로 한 채용제도는 아직 시작 단계이지만, 점차 활성화할 것으로 기대하고 있습니다.

Q6. 경력단절여성들이 재취업에 성공하기 위해 어떤 준비를 하면 될까요?

성공적으로 재취업을 하려면 적성, 가족, 그리고 정보의 세 가지 측면을 고려해야 합니다.

우선 자기의 적성과 맞아야 하는데요, 주부 재취업의 강점은 풍부한 인생 경험을 바탕으로 자신이 무엇을 좋아하고 잘하는지를 잘 파악할 수 있다는 것입니다. 물론 과거의 경력을 살릴 수 있다면 좋겠지만 여기에 연연하기보다 자신의 관심 분야에 맞는 새로운 분야에 도전해보는 것도 좋습니다.

Q7. 재취업에 있어 '가족'을 고려하라는 뜻은 무엇인가요?

재취업 결정을 이해하고 응원해줄 가족의 존재는 성공적인 재취업의 필수 요소입니다. 그 동안 가사에 전념했던 주부가 일을 시작하면 가정생활이 크게 바뀌게 되는데요, 함께 살고 있는 가족들과 가사를 배분하고 든든한 조력자로 만들어야 합니다. 또 일과 가정생활을 병행하기 위해 자신의 상황에 맞는 업무시간대나 급여수준 조건을 따질 필요도 있습니다.

Q8. 마지막으로, 여성의 재취업에서 챙겨야 할 정보는요?

단기취업이 아닌 이상 소득과 보람을 동시에 만족시키는 일자리를 찾아야 합니다. 고용노동부 워크넷 홈페이지는 여성에게 특화된 구직정보를 모아 제공하고 있는데요, 인터넷이 익숙하지 않다면 여성가족부와 고용노동부가 공동 운영하는 '여성새로일하기센터'를 방문해서 상담을 받는 것도 한 방법입니다. 특화된 직업일수록 일하기 전 교육을 받거나 자격증을 따는 등 시간과 금전의 투자가 필요할 수 있다는 점도 미리 고려해야 합니다.

Point	경력단절여성, 노후준비의 키워드는 재취업

- 소득 확보와 보람을 동시에 느낄 수 있는 재취업
- 자신의 적성, 가족관계, 정보 등을 고려하여 선택
- 노후 기초생활비를 위해 경력단절 시 중단된 국민연금의 유지 필요

비가 올 때 필요한 것은 A·D·V·I·C·E

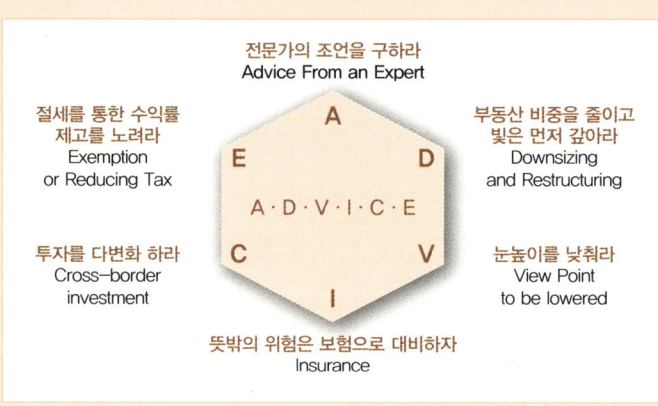

은퇴 설계의 시작은 나의 재무 상태 파악부터! 비가 줄줄 새는 재무 상태를 파악한 후, A·D·V·I·C·E를 통해 내리는 비를 피하십시오.

A **전문가의 조언을 구하라**: 은행이나 보험사 창구에 가면 무료 상담을 받아볼 수 있습니다.

D **부동산과 부채를 줄여라**: 살고 있는 집을 줄이거나, 사교육비와 같은 과도한 생활비를 줄여야 합니다.

V **투자수익 눈높이를 낮춰라**: 저금리 시장에서 고금리를 보장한다면 사기이거나 '한 방에 훅 가기 십상'입니다.

I **뜻밖의 위험은 보험으로 대비하라**: 예상치 못한 질병에도 목돈 지출을 막을 수 있어 안정적인 현금 흐름을 유지할 수 있습니다.

C **투자 다변화**: 보다 높은 수익을 위해 해외는 물론 다양한 파생상품으로 눈을 돌릴 필요가 있습니다.

E **절세가 곧 돈**: 비과세와 같은 절세 혜택에 관심을 가져야 합니다.

3

건강이 제일이다

사건·사고라고 하면 흔히 교통사고나 화재, 사기나 강도와 같은 범죄를 먼저 떠올리고 나와는 먼 이야기라고 생각하게 마련인데, 의외로 가장 안전하다고 생각하는 집안에서 발생하는 사고가 가장 많습니다. 이런 사고에 대비하기 위해서는 집안에 손잡이를 달거나 문지방을 없애는 것과 같은 고령자용 리모델링을 하는 것이 좋습니다. 그리고 고령자가 가장 많이 접하는 범죄로 보이스피싱이 있는데, 돈을 요구하는 내용의 전화를 받았을 땐 일단 의심부터 하는 것이 중요합니다.

1

돈 걱정 건강 걱정, 불안하기만 한 노후

> 오피스텔 경비원으로 근무하고 있는 최 씨(71)는 전화 한 통을 받고 마음이 무거워졌다. 얼마 전 큰 맘 먹고 받은 건강검진 결과가 좋지 않다고, 위암의 가능성이 있으니 재검사를 받으라는 것. 내 몸 아픈 것보다 덜컥 수술이라도 받게 되면 수술비에 그나마 하던 경비일도 그만두어야 하니 당장 생계 걱정에 눈앞이 캄캄하다.

Q1. 저금리와 기대수명 연장으로 노후에 대한 관심이 뜨거운데요.

네, 1980년대만 해도 은퇴 연령은 55세, 평균 기대수명은 65.7세였고, 은행 금리도 24% 정도로 무척 높았지요. 그 때만 해도 직장에서 은퇴한 후 은행 이자만으로도 10년 정도의 노후생활이 충분히 가능했습니다.

하지만 지금은 체감적인 은퇴 연령은 50세 전후로 짧아졌지만 기대수명은 81.9세로 크게 늘어나면서 은퇴 이후에도 20년,

30년을 살아가야 하는 반면, 금리는 2% 내외로 떨어지면서 은행 이자만으로는 노후를 버틸 수 없는 시대가 되었습니다.

Q2. 수명이 늘었다고는 하지만, 사실 70세가 넘어가면 다들 지병 한두 개는 가지고 노후를 보내지 않나요?

네, 늘어난 수명과 병치레 기간을 알려면 '건강수명'과 '최빈사망연령'을 알아야 합니다. 전체 평균수명에서 질병이나 부상으로 고통 받는 기간을 제외하고 건강한 삶을 유지하는 기간을 '건강수명'이라고 하고요, 한 사회에서 가장 많이 사망하는 연령을 '최빈사망연령'이라고 합니다.

우리나라의 건강수명은 73세, 최빈사망연령은 85세인데요, 기대수명 81.9세를 고려해보면 일반적으로 10년 가까이 병치레를 하며 다른 사람의 도움을 받으며 살아가야 하고요, 그 기간은 더욱 길어질 수 있는 '유병장수의 시대'가 온 것이지요.

Q3. 병치레 기간이 늘면 경제적 어려움도 늘어나겠네요?

네, 통계청에 따르면 60세 이상 고령자가 느끼는 노후에 대한 고민으로 경제적 어려움(38.6%)에 이어 건강 문제가 2위(35.5%)를 차지했는데요, 특히 가장 걱정되는 질병으로는 치매(38.9%)와 암(38.8%)의 순이었습니다.

치매의 경우 1인당 연간 의료비가 정상인보다 4배 정도 더

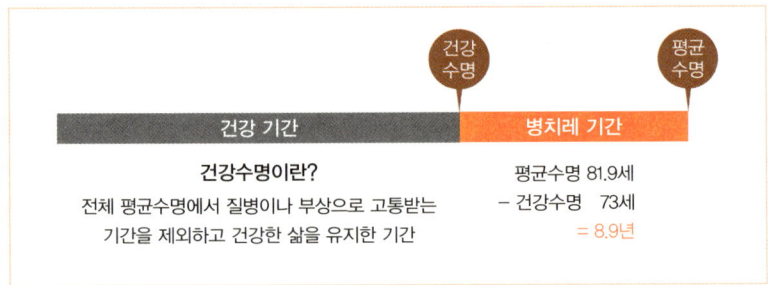

건강수명과 병치레 기간

드는 것으로 알려져 있는데다, 2025년에는 치매 환자가 지금의 두 배인 100만 명으로 늘어날 것으로 예상하고 있어 앞으로 치매의 위험에 대비할 필요가 있다고 말씀드릴 수 있습니다.

Q4. 치매만큼이나 암도 이제 흔한 질병으로 꼽히고 있다고 하던데요?

그렇습니다. 생애 중 암이 발생할 확률은 36.9%로 10명 가운데 3명은 암을 피해갈 수 없다고 하는데요, 국립암센터 조사에 따르면 암환자의 상당수가 죽음에 대한 두려움보다는 경제적 부담을 가장 걱정하고 있다고 합니다.

주요 10대 암 평균 치료비용은 2,975만원 정도 드는데요 (간암 6,623만원, 췌장암 6,372만원, 폐암 4,657만원, 위암 2,686만원), 2013년 기준 개인평균 순금융자산 4,733만원을 감안할 때 암 치료비용이 순금융자산의 63%에 달하기 때문에 고령자의 암

치료비용 부담을 대비하기 위한 별도의 계획이 필요합니다.

Q5. 정말 의료비 부담이 어마어마하게 늘어나겠네요.

네, 한 사람이 평생 지출하는 의료비 가운데 절반이 65세 이후에 사용되는데요, 건강보험이 적용되지 않는 검사비용이나 처치비용, 요양비용 등을 고려하면 실제 노후 의료비는 더 늘어나게 됩니다. 이처럼 치명적인 질병에 대비해 CI보험, 고령자 전용 노후실손의료보험 등으로 경제적 부담을 줄일 필요가 있습니다.

Q6. 대표적인 상품 하나만 설명해주실 수 있을까요?

네, '제2의 국민건강보험'으로 불리는 '노후실손의료보험'이 있습니다. 감기 같은 작은 질병부터 암, 뇌졸중 같은 큰병까지 국민건강보험이 보장해주지 않는 의료실비 상당 부분을 보장해주는데요, 원래는 나이가 든 후에는 가입하기 어려웠지만 다행히 2014년 8월 65세에서 최대 75세까지 가입 가능한 고령자 전용 노후실손의료보험이 출시되었습니다.

이 상품은 의료비에서 입원 30만원(통원 3만원)을 공제한 후 급여의 80%, 비급여의 70%를 보상해주기 때문에, 병에 걸렸을 때 경제적 부담을 더는 목적에 충실한 의료보험 상품이라고 할 수 있습니다.

Point 갈수록 늘어나는 병치레 기간

- 유병장수의 시대, 은퇴 후 의료비 지출 증가!
- 병치레 기간에 대비한 보장성 보험(노후실손의료보험 등) 가입 필수

2

겨울철 어르신 건강 이렇게 챙기세요

> 오늘도 친척 어른 장례식에 다녀온 정 씨. 연말연초가 되면 특히 어르신들의 부고나 병환 소식이 많은 것 같다. 60대가 되면서 새삼 건강의 소중함을 깨달았지만 그저 좋은 음식 먹고 틈틈이 가벼운 운동을 하는 것만으로는 모자라는 것 같다. 젊을 때와 달리 겨울만 되면 내내 감기를 달고 살아 찬바람만 불어도 몸부터 사리게 된다.

Q1. 다른 계절에 비해 겨울이 되면 건강 문제가 부쩍 주목 받는데, 왜 그런가요?

통계청에 따르면 실제로 겨울철에 사망 인원이 많은 것으로 나타났습니다. 월별 사망 인원 통계를 보면 여름철에는 낮아졌다가, 11월 이후 겨울에 늘어나는 것을 볼 수 있는데요. 아무래도 겨울에 날씨가 추워지면서 몸의 면역력이 떨어져 병에 걸리거나, 기존 증상이 악화되는 경우가 많다고 볼 수 있습니다. 특히 고령자의 경우 젊은 사람에 비해 추위가 더욱 힘들게 느껴지시겠지요.

Q2. 겨울철에 특히 고령자가 조심해야 할 질환에는 어떤 것이 있을까요?

겨울 하면 차가워진 기온과 빙판길을 떠올릴 텐데요, 이로 인해 호흡기와 혈관, 관절 등에 문제가 생기는 경우가 많습니다. 대표적으로 폐렴이나 심혈관 질환, 낙상에 따른 골절 등이 있습니다.

특히 폐렴은 최근 70세 이상에서 급증하고 있는데요, 문제는 폐렴의 초기 증상이 기침이나 가래처럼 가벼운 감기와 비슷하거나, 심지어 고령 폐렴 환자의 20~30%는 별다른 증상을 느

월별 일일 사망자수

끼지 못한다는 점입니다. 폐렴은 초기에 발견하지 못하면 다른 질환이 동반되면서 중증의 폐렴으로 진행될 위험이 높습니다.

Q3. 폐렴의 예방과 빠른 치료가 중요하다는 것인데, 일상생활에서 어떻게 관리하는 게 좋을까요?

폐렴의 주요 원인은 여러 가지 세균이나 바이러스가 몸에 들어오기 때문인데요, 이때 몸의 면역력이 낮으면 균을 물리치지 못하고 폐에 염증이 생기는 것입니다. 따라서 평소에 몸의 면역력을 높이는 것이 중요합니다.

2014년부터 65세 이상 어르신은 주소지와 관계없이 전국 보건소에 가면 폐렴구균 예방접종을 무료로 받을 수 있습니다. 또 새벽에 운동하는 어르신들이 많은데, 가급적 겨울에는 따뜻한 낮 시간대를 활용하여 운동을 하시고, 외출할 때에는 여러 장의 옷을 겹쳐 입을 필요가 있습니다.

Q4. 겨울철 혈관 건강에도 특별히 신경 써야 하는 이유는 무엇인가요?

혈압은 다른 질환에 비해 진단이 간편하고, 치료와 관리가 쉬워 종종 심각성을 간과하는데요, 날씨가 추워지면 우리 몸의 혈관들이 수축하면서 혈압이 상승하게 되기 때문에 고혈압의 경우 뇌졸중이나 심근경색 등으로 발전할 가능성이 있습니다.

따라서 고혈압 환자는 겨울철 장시간 외출이나 운동을 삼가고, 체온을 유지할 수 있도록 관리할 필요가 있습니다. 또 연말연시 송년회 등으로 술자리가 많아지는데, 평소 잘 관리하던 분들도 이때 음주량이 많아지면서 고혈압을 악화시킬 수 있으므로 조심해야 합니다.

Q5. 겨울철 빙판길을 조심하는 것 외에 관절에 유의해야 하는 경우도 있나요?

빙판길은 누구에게나 위험하겠지만, 특히 50대 이후에는 조심해야 합니다. 50대 이후 뼈의 강도와 밀도가 약해지는 골다공증이나 골감소증이 일어나면서 허리나 무릎에 불편을 느끼는 분들이 많으신데요, 그런 분들은 가볍게 부딪히거나 넘어져도 쉽게 골절이 발생하게 됩니다.

또 최근에는 건강을 유지하기 위해 겨울에도 등산을 즐기는 분들이 많은데요, 상대적으로 사람의 발길이 적고 정비되지 않은 등산로에서는 실족 위험에 특히 조심해야 합니다.

Q6. 노후 골절은 회복에 오랜 시일이 걸리기 때문에 일상생활에도 불편을 느낄 것 같은데요. 이러한 골절이나 관절 질환을 예방할 수 있는 방법이 있을까요?

가장 좋은 것은 약해진 관절에 외부 충격을 주지 않는 것입니다. 앞서 말씀 드린 것처럼 미끄러운 길이나 등산로는 물론, 집안에서도 화장실이나 계단 등에서 발을 헛디딜 수 있다는 점에 유의해야 합니다. 가급적 손잡이를 잡고 이동하며 미끄럼 방지 매트를 활용하는 것이 좋습니다.

또한 뼈에 좋은 칼슘이 많이 든 우유, 요구르트 등의 유제품이나 잔멸치 등의 음식을 자주 섭취하고, 칼슘의 흡수를 돕는 비타민D를 생성하기 위해 햇볕을 쬐면서 가벼운 실외운동을 하는 것도 도움이 됩니다. 다리 근육을 발달시키면 관절의 부담을 줄일 수 있으므로 적절한 운동을 꾸준히 하는 것도 필요합니다.

> **Point** 겨울철 어르신 건강관리 방법은
> - 행복한 노후에 필수적인 건강관리, 겨울에 특히 주의해야
> - 낮은 기온과 빙판길 등을 주의하며 호흡기 · 혈관 · 관절 질환 조심

3

행복한 노후의 복병 '고독' 해결 방안

10년 전 남편이 세상을 떠난 이래 홀로 고향에서 살고 있는 안 모(82) 할머니. 창문 너머로 무언가 움직이기에 사람인가 하고 쳐다보니 큰 비닐이 나무에 걸려 나부끼고 있었다. 일주일에 두 번 오는 가사도우미가 유일한 손님일 뿐, 온종일 전화기 앞에 앉아 자식들 전화가 오지는 않을까 기다리는 게 일상의 전부이다.

Q1. 앞으로 1인 가구가 늘어난다고 하는데요, 노후 고독과도 연관이 있겠죠?

네, 통계청에 따르면 전체 가구 중 1인 가구의 비율이 2012년 25.3%에서 2035년에는 34.3%로 늘어나게 되는데요, 특히 1인 가구 중 65세 이상의 비율은 45%나 된다고 합니다. 쉽게 말하면, 2035년에는 3가구 중 한 곳이 혼자 사는 집이고, 혼자 사는 사람의 절반이 65세 이상 노인일 것으로 전망하고 있는 거지요.

Q2. 일본에서는 고독사가 심각한 사회 문제가 되었다는데, 우리도 남의 일이 아니겠네요.

1인 가구 증가 전망

20.0% 2005
27.1% 2015
31.3% 2025
34.3% 2035

자료: 통계청, 장래가구 추계 2012

그렇습니다. 2010년 일본 NHK 방송이 인생의 마지막 순간을 홀로 맞는 실태를 다룬 특집 다큐멘터리 '무연고 고독사 3만2천 명의 충격'이라는 방송이 큰 파장을 불러일으키면서 일본 사회가 고독사에 주목하는 계기가 되었는데요, 우리나라도 1인 가구가 급속도로 늘고 있어 머지않아 이러한 현상이 큰 사회적 문제가 될 것으로 보입니다. 게다가 외로울 때는 치매에 걸릴 확률이 그렇지 않은 때보다 2.9배나 높아진다는 조사도 있습니다.

Q3. 여자들은 남자보다 수명이 길어 혼자 사는 기간도 길어지고, 남자보다 치매 가능성도 높다고 들었는데, 치매 예방을 위해서라도 외로움을 극복하는 방법을 꼭 알아두어야겠네요.

어렸을 적 많이 읽었던 소설 주인공 '로빈슨 크루소'에게서 고독 극복 키워드 3가지를 찾아볼 수 있습니다.

첫 번째는, 말 상대 만들기입니다. 난파한 개, 고양이와 함께 살던 그에게도 시간이 흐를수록 배고픔과 무서움이 사라지고, 외로움이 가장 큰 고통으로 다가왔습니다. 그러던 중 우연히 숲에서 만난 앵무새 '폴'은 자신의 이름을 불러주는 유일한 말벗으로 그의 삶에 가장 큰 행복을 주게 되지요. 이처럼 대화를 나눌 수 있는 상대를 만든다면 외로움을 극복하는데 큰 도움이 될 것입니다.

　두 번째는, 매일 일기쓰기입니다. 그가 28년이 지나 구조된 후에도 현대 문명에 잘 적응할 수 있었던 비결은 글과 말을 잊지 않았던 것인데요. 매일 일기를 쓰면 그날 있었던 일을 다시 기억해낼 수 있어, 고독으로 인한 치매 유발 가능성을 예방할 수 있습니다.

　세 번째는, 규칙적인 생활하기입니다. 로빈슨 크루소는 일일 계획표를 세워 규칙적인 생활을 한 결과 건강을 유지할 수 있

무연고 사망자 추이

자료: 서울시의회 도시안전위원회, 보건복지부, 각 년도

었는데요, 저는 주간계획표를 만들 것을 권해드립니다. 요일별로 테마를 정해 계획표를 짠다면 자칫 나태해지고 무료해지기 쉬운 생활에 활력을 불어넣어 줄 것입니다.

Q4. 로빈슨 크루소와 같은 홀로 하는 고독 극복에 더해 모임이 있다면 더 좋을 것 같네요.

네, 동창회나 친목회, 취미동호회, 종교단체 등 소속된 모임이 많으면 많을수록 노후의 외로움은 그만큼 줄어들 것입니다. 바쁘시더라도 적어도 일 년에 한두 번 이상은 모임에 나가실 것을 권해드립니다. 오랜만에 가면 서먹하기도 하고, 혹 다른 목적으로 나오는 게 아닌가 하는 오해를 받을 수도 있기 때문입니다.

Q5. 모임이 좋다는 거야 알지만, 그런 모임 찾기도 어렵지 않나요?

집 주변의 종합복지관이나 경로당을 이용하면 되는데요, 보통 경로당은 80세 이상, 종합복지관은 60~70세, 노인대학은 65~85세가 많은 편입니다.

얼마 전 저희 옆집에 이사 오신 76세 어르신께 경로당 위치를 알려드렸는데요, 며칠 후 경로당이 재미있으신지 여쭤봤더니 '말도 마세요. 막내라고 막걸리 사와라, 청소해라 일만 시켜요'라면서 이제는 안 나가신다고 하더라고요. 가급적이면 주변

시설의 주 연령층을 미리 파악하시는 것도 좋을 것 같습니다.

Q6. 모임 참여나 로빈슨 크루소의 외로움 극복에 대해 알아봤는데요. 이 외에 또 어떤 방법들이 있을까요?

나이가 들수록 가급적 이사를 하지 않는 것이 좋습니다. 그동안 관계를 쌓아온 이웃은 물론 슈퍼나 세탁소 주인 등 동네 사람들과의 오랜 친분은 노후 고독을 해결하는 중요한 인적 자산입니다. 그리고 나이가 들어 이사를 하게 되면 새로운 환경에 적응하면서 혼란을 느껴 치매에 걸릴 확률이 높아질 수 있으니 주의해야 합니다.

자원봉사나 재취업 등도 외로움 극복은 물론 건강에 도움을 주는 일석이조의 방법입니다.

Point 고독 해결 키워드
- 말 상대를 만들라
- 일기를 매일 써라
- 규칙적인 생활을 하라
- 즐거운 모임과 봉사활동에 참여하라

4

노후 복병 황혼 육아

은퇴 후, 맞벌이 부부인 아들 내외의 아기를 돌봐주고 있는 60대 초반 이 씨 부부는 어서 주말이 되어 육아에서 해방되기만을 기다리고 있다. 어린 손주를 남에게 맡기느니 직접 돌봐주겠다고 자청한 일이지만, 생각보다 많이 힘들기 때문이다. 때로는 언제까지 돌봐야 할지 걱정이 되기도 하고, 제대로 돌보고 있는지 막막하기도 하다.

Q1. '황혼 육아'는 정확히 어떤 의미인가요?

황혼 육아란 말 그대로 인생의 황혼기에 접어드는 은퇴 후에 육아를 맡는 것입니다. 특별히 몇 세 이후로 한정하지는 않고, 자신의 손자녀를 맡아 기르는 경우를 모두 황혼 육아라고 부르고 있습니다. 요즘 시댁이나 친정 근처로 집을 얻는 신혼부부가 늘어나는 것도 이처럼 황혼 육아를 염두에 두고 있는 것이지요.

Q2. 우리 정서상 할아버지와 할머니가 손주를 돌보는 것이 낯설지는 않은데, 최근 주목받는 이유가 있을까요?

요즘 문화센터나 어린이집, 초등학교에 가보면 학부모 모임에 참석하거나 손자녀를 등하교시키는 조부모의 모습을 쉽게 찾아볼 수 있는데요, 맞벌이 세대가 늘면서 황혼 육아를 선택하는 사람이 그만큼 늘어나고 있기 때문입니다. 통계청에 따르면 작년 우리나라 전체 가구의 맞벌이 비율은 역대 최고 수준인 42.9%까지 증가했는데요, 이 중 절반 정도는 낮 동안 조부모에게 육아를 맡긴다고 합니다.

Q3. 맞벌이 부부들이 아이를 연로하신 조부모께 맡기는 대신, 다른 방법을 선택할 수는 없을까요?

가족이 육아를 전담할 수 없게 되면 영·유아 어린이집이나 육아도우미(베이비시터)를 고용해야 하는데요, 금전적인 부담이 만만치 않습니다. 예를 들어 육아도우미의 경우 시급 7천원일 때 하루 10시간, 주 5일(한 달 20일)을 부탁한다면 월 140만원이 들어갑니다. 힘들게 맞벌이를 한 돈으로 도우미 월급을 주는 웃지 못할 상황이 일어나는 것이지요. 정부가 지원하는 아이돌봄 지원사업제도 등을 이용할 수도 있지만, 소득기준에 따라 지원금액이 다르니 확인 후 이용할 필요가 있습니다. 또 금전적인 부담뿐 아니라 제3자에게 아기를 맡긴다는 불안감이 갈

2015년 아이돌봄 지원사업 이용 비용

유형	소득기준 (전국가구 평균소득)	시간제 (시간당 6,000원)		영아 종일제 (월 120만원, 200시간 기준)			
				0세(12개월 이하)		1세(13~24개월)	
		정부지원	본인부담	정부지원	본인부담	정부지원	본인부담
가형	50% 이하	4,500원	1,500원	84만원	36만원	78만원	42만원
나형	50~70%	2,700원	3,300원	72만원	48만원	66만원	54만원
다형	70~100%	1,500원	4,500원	60만원	60만원	54만원	66만원
라형	100% 초과	–	6,000원	48만원	72만원	42만원	78만원

자료: 여성가족부 정부지원 아이돌봄지원사업 홈페이지

수록 커진다는 점도 황혼 육아 증가의 큰 요인이라고 할 수 있습니다.

Q4. 나이가 들어 아이를 키우면 아무래도 체력적으로 힘들지 않나요?

네, 1~2년만 눈 딱 감고 고생하자는 마음으로 시작한 황혼 육아는 결국 건강 악화나 가족 갈등과 같은 다양한 고통을 부르게 되는데요, 우선 하루 종일 아이를 쫓아다니며 돌보려면 체력적으로 부담이 될 수밖에 없습니다. 그래서 '손주병'이라는 말도 나오게 된 것이지요.

주요 손주병으로는 허리 디스크와 무릎 관절염, 손목 건초염과 같은 관절 질환이 있습니다. 나이가 들어 관절이 약해진 상태에서 아이를 자주 안기 때문에 이런 질환이 생기는데요, 문제는 아파도 티를 내지 않고 꾹 참다가 결국 우울증까지 겪는 분들도 적지 않다는 점입니다.

Q5. 그런 손주병을 막을 수 있는 방법은 없을까요?

가장 중요한 것은 육아 기간 동안 최대한 몸에 무리가 덜 가도록 생활하는 것입니다. 구체적으로는 아기를 안는 자세와 방향을 수시로 바꾸고, 가급적 업는 것이 좋고요, 수유할 때는 수유 쿠션을 사용하고, 틈틈이 휴식을 취하면서 스트레칭을 하는 것이 좋습니다. 또 우울증에서 벗어나기 위해 주말에는 육아에서 벗어나 개인적인 약속을 잡거나, 취미를 즐기는 것도 좋습니다.

자녀 역시 다소 비용이 부담스럽더라도 시간제 가사도우미를 부르는 등, 조부모가 가사에서 벗어날 수 있는 최소한의 정신적, 신체적 휴식시간을 드리는 배려를 잊지 말아야 합니다.

Q6. 좋은 뜻에서 시작한 황혼 육아지만, 그로 인해 마찰을 겪는 가정도 많다고 하는데요?

육아는 아무리 잘해도 본전이라는 말이 있습니다. 그만큼 잘하기 힘들면서도 아이가 관련되어 있어 민감해질 수밖에 없어, 사소한 일로도 가족끼리 불화가 생기기 쉬운데요, 특히 조부모와 부모의 육아 방식 차이로 마찰이 생기는 경우가 많습니다.

이러한 갈등을 막기 위해서는 가족 간 대화가 무엇보다 중요한데요, 단순한 일상대화가 아니라 육아에 대한 합의점을 만들어야 한다는 뜻입니다. 조부모와 부모 간 책임 범위를 의논하고, 육아 시간이나 요일, 기간을 확실히 정해야 합니다. 또 할머니와 할아버지 사이에도 서로 육아와 가사를 협력할 필요가 있습니다. 그리고 육아에 대한 감사의 뜻으로 드리는 용돈은 소액이라도 꾸준히, 정해진 날짜에 드리는 것이 좋은 관계를 유지하는 비결입니다.

Point 현명한 황혼 육아, 건강과 가족관계 모두 챙겨야
- 맞벌이 부부 증가에 따라 조부모의 황혼 육아 증가
- 건강 해치는 황혼 육아는 노후생활에도 부정적 영향 미쳐
- 손주병 막고 가족관계 유지 위한 육아법 합의 필요

5

시니어 사건·사고 예방책

> 깜빡 졸던 김 모(78) 할머니는 전화벨 소리에 눈을 떴다. 서울 사는 막내가 교통사고가 났다며 빨리 수술비를 보내라는 간호사의 전화였다. 허겁지겁 은행으로 향하며 큰아들에게 어서 병원으로 가보라고 전화를 걸었는데, 이게 웬걸. 마침 두 아들이 함께 있는 게 아닌가. 전화를 걸지 않았다면 모아둔 쌈짓돈을 모두 날릴 뻔했다는 생각에 가슴이 쿵쾅쿵쾅 뛴다.

Q1. 사회가 복잡해지면서 사건·사고가 많아지고 있는데요, 시니어를 둘러싼 사고들도 많나요?

네, 사건·사고라고 하면 흔히 교통사고나 화재, 사기나 강도와 같은 범죄를 먼저 떠올리고 나와는 먼 이야기라고 생각하기 마련인데요, 의외로 가장 안전하다고 생각하는 집안에서 발생하는 사고가 가장 많습니다.

한국소비자원의 조사(2010)에 따르면 시니어 안전사고의 절반이 집에서 일어났는데요, 구체적으로는 열 명 중 절반은 화장실이나 방바닥에서 걸려 넘어지거나 미끄러져서, 한두 명은 침대나 의자에서 떨어져 사고가 발생했습니다. 화장실이나 방바닥은 타일 같은 딱딱한 바닥이어서 뼈가 부러지기 쉽고, 심하면 사망에 이르게 됩니다.

Q2. 안전사고의 절반이 집이라니 좀 놀라운데요.

이런 사고에 대비하기 위해서는 집안에 손잡이를 달거나 문지방을 없애는 것과 같은 고령자용 리모델링을 하는 것이 가장 좋은데요, 특히 나이가 들어서도 요양시설이 아닌 집에서 여생을 보내고 싶은 분들께는 반드시 권해드리고 싶습니다.

Q3. 리모델링은 돈도 많이 드는데, 간편하게 대비하는 방법은 없나요?

거실이나 방바닥, 화장실에는 미끄럼방지 매트나 발판을 깔고, 가구 모서리에 보호대를 붙이면 됩니다. 근처 마트에 가면 저렴하게 구입할 수 있는 제품이 많이 있습니다. 그리고 가능하면 낮은 침대를 사용해서 낙상 위험을 줄이고, 복도나 현관에 밝은 조명을 켜서 걷기 편한 환경을 만들어야 합니다.

그 밖에도 요즘은 수도 계량기나 화장실, 현관 같은 곳에 센

서를 부착해 일정시간 동안 움직임이 없으면 직원이 방문하는 서비스도 있고요, 휴대전화나 집안에 설치해둔 비상 버튼 하나만 누르면 직원 출동은 물론, 건강 상담이나 병원 예약까지 한 번에 해주는 서비스도 있으니 한 번 활용해보시면 좋을 것 같습니다.

Q4. 그래도 집에서 일어나는 사고보다는 교통사고나 범죄가 더 무섭지 않나요?

교통사고나 범죄는 누구에게나 일어날 수 있는 일이기는 하지만, 유독 60세 이상 어르신들의 사고만 늘어나고 있습니다.

교통사고의 경우 30~40대는 가벼운 접촉사고가 많은 반면, 나이가 들수록 사망자나 중상자가 발생하는 사고가 많습니다.

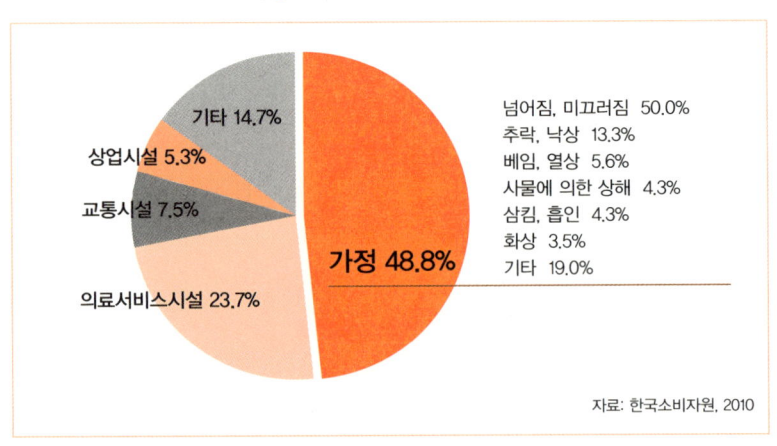

가정 내 안전사고 비율 및 유형

자료: 한국소비자원, 2010

전체 교통사고 중 65세 이상에서 일어나는 사고는 6%에 불과한데요, 전체 사망사고 비율로 보면 14.5%로 상대적으로 크게 증가합니다. 그리고 다른 연령대에 비해 무단횡단으로 인한 사고도 많은 편입니다. 젊을 때에 비해 달려오는 차를 발견하는 속도나 피하는 속도가 느리다는 점을 꼭 기억하셔야 합니다.

Q5. 그렇네요. 범죄에서도 고령자의 비율이 높은가요?

물론입니다. 가장 많이 접하는 범죄로 보이스피싱이 있습니다. 보이스피싱 사기 피해자는 30대가 가장 많지만, 인구 10만 명당 발생 건수로 보면 60대가 두 번째로 많이 발생하고요, 특히 최근 들어 60세 이상 고령 피해자가 크게 증가하고 있습니다. 외국에서도 비슷한 사기가 많은데요, 특히 일본판 피싱 사기의 경우 피해자의 92.3%가 60세 이상 고령자라고 합니다.

Q6. 당황하면 판단력이 흐려져서 사기전화인지 아닌지 구분하기 어려워지는데, 뾰족한 대책이 있나요?

돈을 요구하는 내용의 전화를 받았을 땐 일단 의심부터 하는 것이 중요합니다. 지급정지제도와 같은 방법이 있다고는 하지만, 이미 인출이 된 후에는 되찾기가 어렵기 때문에 예방이 최선입니다.

가족이나 지인의 연락처를 적어두고, 번호가 바뀌었다고 하면 원래 번호로 다시 한 번 걸어서 확인해보고, 아무리 조급해도 입금하기 전에 주변 사람과 반드시 상의를 해야 합니다. 사람이 없으면 은행 직원에게 상담을 받는 것도 좋습니다.

평소에도 발신번호확인 전화나 부재중 응답을 설정해 두고 아는 사람에 한해 전화를 받는 것이 좋고요, 은행 자동인출기 이용한도를 줄이는 것도 효과적입니다. 간혹 전화를 받을 때 이름이나 살고 있는 지역을 먼저 밝히는 분들이 있는데요, 상대방에게 정보를 주는 꼴이라 위험합니다.

Point 내 몸은 내가 지킨다, 사건·사고 대응책

- **가정 내 안전사고**: 미끄럼방지 매트와 가구 보호대 부착
- **교통사고**: 신체 반응 속도가 느려짐을 명확하게 인지해 항시 주의
- **보이스피싱**: 돈을 요구하는 전화는 무조건 의심하기

6

웰빙을 넘어 웰다잉으로

> 최근까지만 해도 소위 '웰빙(Well-being)' 열풍으로 건강과 관련한 각종 정보가 넘쳐났지만, 이제는 많은 사람들이 '웰빙'을 넘어 '웰다잉(Well-dying)'에 관심을 갖기 시작하고 있다. 누구도 피할 수 없는 죽음의 문제를 단순히 회피하기보다 미리 지혜롭게 준비함으로써 '당하는 죽음'에서 '맞이하는 죽음'으로의 웰다잉에 대해 알아보자.

Q1. 요즘 웰다잉에 대한 관심이 높아지고 있는 것 같네요.

웰다잉(Well-dying)은 '건강한 생의 마감'을 뜻하는데요, 죽음이라는 문제를 회피하는 것이 아니라 시간을 갖고 자신의 삶을 돌아보고, 사망 전후에 일어날 수 있는 문제들을 미리 점검해 보다 품위 있는 죽음을 맞이할 수 있도록 준비해 둔다는 의미로 사용되는 개념입니다.

Q2. 웰다잉, 품위 있는 마무리를 위해 가장 기본적으로 필요한 것은 무엇이 있을까요?

품위 있는 죽음을 위해서는 평소 건강관리가 무엇보다 중요합니다. 한국인의 건강수명을 고려할 때 평균적으로 죽기 전에 약 10년의 병치레를 하게 되는데요, 오랜 기간 동안 병상에서 고통 받다 생을 마감하게 된다면 결코 웰다잉이라고 할 수 없을 것입니다. 우리 선조들도 5복(五福) 중 하나로 '고종명(考終命)', 즉 제 명대로 살다 고통 없이 편히 죽는 것을 복(福)으로 여기셨지요.

Q3. 좀 더 현실적으로 우리가 준비해야 할 것에는 어떤 것들이 있을까요?

크게는 유언장 작성을 포함한 상속 문제, 상조보험 등으로 미리 준비하는 장례, 사전의료의향서 작성 등이 있습니다.

부모 사후에 자식 간 유산상속 문제로 큰 다툼이 발생하는 경우가 많은데요, 이러한 상황을 방지하기 위해 유언장을 작성해야 합니다. 요즘은 '유언대용신탁' 상품으로 복잡한 상속 문제를 해결하는 분들이 늘고 있는데요, 고객이 금융회사에 재산을 위탁해 생전에는 자신을 수익자로 지정하고, 사후에는 배우자, 자녀, 제3자 등을 수익자로 정해 본인 사망 이후 재산분배를 할 수 있는 상품입니다. 유언대용신탁을 활용하면 민법상 유언이 없더라도 신탁계약 자체로 상속자에게 재산을 넘겨줄 수 있습니다.

Q4. 일반 유언장에 비해 유언대용신탁은 어떤 장점이 있나요?

유언대용신탁은 자신의 의사에 따라 미리 재산을 분배해 둘 수 있고요, 또한 사망하기 전까지는 자신을 수익자로 지정해 재산보관 및 증식 수단으로 활용할 수 있습니다. 파산 등 경제적 어려움에 처할 때도 미리 신탁재산으로 구분해 두면 수익자들에게 상속이 가능합니다.

또 상품에 따라 가족에게 남기고 싶은 유훈(遺訓)이나 재산목록 등이 담긴 문서를 금융회사에 보관해 두었다가 사망 시 미리 정한 수령인에게 전달하는 '유훈통지 서비스'도 있습니다. 이 서비스는 유언장의 분실이나 위조 등을 막을 수 있다는 장점이 있습니다.

Q5. 그렇군요. 웰다잉하면 무엇보다도 장례 준비를 빼놓을 수 없을 것 같은데요. 장례 절차를 위해 생전에 미리 준비할 것은 어떤 것이 있을까요?

보건사회연구원(2010)에 따르면 우리나라의 표준 장례비용은 1,071만원으로 1인당 국민소득의 40~50%에 달하는데요, 미국이나 유럽이 보통 1인당 국민소득의 15% 수준인 것을 감안하면 얼마나 높은지 알 수 있습니다. 장례비는 목돈이 갑자기 한 번에 나가기 때문에 유족들에게 큰 부담이 되는데요, 이러한 부담을 줄이려면 미리 상조보험이나 상조 서비스에 가입하는 것이 좋습니다.

Q6. 상조보험과 상조 서비스, 똑같은 것 아닌가요?

쉽게 말하면 상조보험은 보험회사, 상조 서비스는 상조회사에 가입하는 상품입니다. 상조보험은 심사를 통해 가입할 수 있고, 제3자에게 양도할 수 없지만, 상조 서비스는 별도의 심사 없이 가입할 수 있고, 타인에게 양도도 가능합니다. 그리고 상조보험은 사망과 동시에 보험료 납입이 중지되는 반면, 상조 서비스는 사망 후에도 잔액을 완납해야 한다는 점에서 차이가 있습니다.

계약자 보호 측면에서도 상조보험은 5천만원까지 예금자보호를 받는 반면, 상조 서비스는 상조회사가 가입한 별도의 소비자피해보상보험 계약에 의해 보호를 받게 됩니다.

상조 서비스와 상조보험의 비교

구분	상조 서비스	상조보험
사업주체	상조회사	보험회사
법적근거 및 사업자규제	할부거래법	상법(보험법), 보험업법
감독기관	공정거래위원회	금융위원회/금융감독원
위험담보 여부/위험인수 풀링	없음/없음	우발적 사망위험 담보/있음
서비스 제공방식	장례물품 및 서비스를 현물 지급	담보된 위험에 따라 약정된 보험금 지급(현물지급 보험도 있음)
보험료 또는 회비	사망시점과 관계없이 납입금액 동일, 사망 이후에도 잔액 납부 (완납 요구)	사망시점에 따라 납입금액 다름 (사망과 동시에 보험료 납입 종료)
피보험자	피보험자 지정 불필요	피보험자 지정
서비스 기간	회원가입 후 항상	약정에 따른 보장기간에만 가능
타인 양도	양도 가능	양도 불가능
가입 제한	제한 없음	연령, 병력, 직업에 따라 가입 제한 있음
파산시 계약자 보호	보험계약, 채무지급보증계약, 예치계약, 공제계약	예금자보호법에 따라 5천만원 한도로 보호 가능

자료: 한화생명 은퇴연구소

Q7. 상속이나 장례 문제는 답이 명쾌하지만, 사실 저는 나중에 병원에서 산소호흡기를 단 채 병원비만 축낼 게 제일 걱정이 되는데요.

네, 그런 분들을 위해 '사전의료의향서(事前醫療意向書)'라는 것이 있습니다. 죽음이 임박해 합리적인 의사결정과 표현을 할 수 없는 경우를 대비해 연명치료 여부에 대한 의사를 미리 문서로 작성해 두는 것입니다. 사전의료의향서가 있는 경우 의료인은 환자 스스로의 결정을 존중하는 의미로 인공호흡기나 인

위적인 영양 공급 등의 의료 행위를 하지 않게 됩니다.

사전의료의향서는 누구나 존엄하고 품위 있는 죽음을 맞이할 권리가 있다는 생각에서 시작된 것인데요, 실제로 요즘은 생명연장치료를 거부하는 사람들을 중심으로 사전의료의향서 작성이 꾸준히 늘고 있습니다.

Point   **웰빙을 넘어 웰다잉으로**

- '유언대용신탁'을 이용하면 보다 쉽게 상속 문제를 해결할 수 있다
- '상조보험'과 '상조 서비스'로 장례에 대비해 두자
- '사전의료의향서'를 작성해 두면 품위 있는 죽음을 선택할 수 있다

사전의료의향서, 당하는 죽음에서 맞이하는 죽음으로

Q. 언제 작성할 수 있나요?

성인이고, 삶과 죽음에 대한 자기 뜻을 밝힐 수 있다면 언제라도 작성할 수 있습니다.

Q. 한 번 작성한 것을 변경할 수 있나요?

본인이 원한다면 언제든지 작성한 내용을 변경하거나, 철회할 수 있습니다.

Q. 의향서를 작성하면 모든 치료를 받지 않게 되나요?

그렇지는 않습니다. 의향서를 작성했더라도 호스피스(완화의료)와 같은 기본적인 의학적 돌봄이 제공됩니다.

Q. 법적 효력이 있나요?

아직 법률은 마련되지 않았지만, 대법원 판례(2009)에서 환자가 밝혀둔 '치료에 대한 의견'을 존중하도록 요청한 바 있습니다.

Q. 어떻게 사용하나요?

작성자나 지정 대리인이 보관하다가 치료에 대한 뜻을 직접 알릴 수 없을 때 의향서 내용에 따라 치료 방법을 결정하게 됩니다. 입원 시 작성 사실을 알리고 '사전의료의향서 작성 확인증'을 몸에 지니고 다니는 것도 방법입니다.

(문의: 사전의료의향서 실천모임(02-2281-2670))

4

준비된 놈이 잘 논다

은퇴 후 인생 제2막의 성공 요인으로 신체적·정신적 건강, 평안한 가정, 여가 활동과 인간관계 등 사회적 요소를 강조하고 있는데요. 특히 한국인들이 가장 취약한 분야가 가족을 포함한 인간관계라고 합니다. 과거의 직장이나 조직에서 연결된 인맥에만 의존하지 말고 다양한 연령층과의 네트워크를 만드는 것이 좋습니다. 은퇴 후에는 생활의 중심이 일터에서 가정과 이웃으로 옮겨지기 때문에 새로운 공동체를 만들도록 노력해야 합니다.

1
인생 제2막의 성공 요인은?

> 예전에는 은퇴를 하고 나면 대부분 집에 들어앉아 시간을 보냈지만, 요즘은 신문이나 방송을 통해 퇴직 후에도 건강하고 행복한 모습으로 새로운 일에 도전하며 '인생 제2막'을 여는 사람들을 쉽게 볼 수 있다. 경제적으로 여유가 있던 사람들도 새로운 인생에 도전하는 이유는 무엇일까? 인생 제2막을 여는 이유와 성공 요소를 살펴보자.

Q1. 요즘은 은퇴 후에도 재취업을 하는 사람이 많은 것 같은데, 역시 경제적인 이유가 크겠지요?

우리나라는 세계에서 고령화 진행 속도가 가장 빠르게 진행되고 있어 하루라도 빨리 노후준비를 시작해야 하는데요, 은퇴 연령도 점점 낮아지고 있어서 은퇴를 한 후에도 일을 해야만 하는 상황에 놓여 있습니다. 실제로 통계청이 고령자(55~79세)를 대상으로 실시한 조사에 따르면 62%가 계속해서 일을 하고 싶다고 응답했는데요, 가장 큰 이유가 생활비 보탬(54.1%)이었고, 일하는 즐거움(38.8%)이 그 뒤를 이었습니다. 다른 유사한 조사에서도 삶의 의미와 보람, 혹은 건강을 위해 은퇴 후에도 일을 하고 싶다는 사람이 많아 경제적 측면 이외의 부분도 일을 하는 중요한 이유가 되고 있습니다.

Q2. 삶에 있어서 경제적인 부분만 중요한 게 아니라는 거군요.

네, UN이 발표한 세계행복보고서(2014)에 따르면 한국인의 행복지수는 156개 국가 중 41위였고요, 1위는 덴마크로 북유럽 국가들이 상위에 올랐습니다. 그런데 재미있는 사실은 물론 잘 사는 나라들의 행복지수가 비교적 높게 나타났지만, 반드시 소득수준과 국민행복이 비례하지는 않는다는 점입니다.

세계 최고의 경제력을 자랑하는 미국은 17위에 그쳤고요, 우리보다 경제 규모가 훨씬 큰 일본은 우리보다 낮은 43위를 기록했습니다. 반면 우리보다 경제 수준이 낮은 태국, 멕시코, 베네수엘라 등은 우리보다 행복지수가 높은데요, 특히 코스타리카는 1인당 국민소득이 60위에 불과한데도 행복지수는 12위로 매우 높아 소득수준과 국민행복이 비례하지 않다는 것을 알 수 있습니다.

Q3. 그럼 경제적인 것 이외에 어떤 것들이 중요할까요?

전문가들은 은퇴 후 인생 제2막의 성공 요인으로 신체적·정신적 건강, 평안한 가정, 여가 활동과 인간관계 등 사회적 요소를 강조하고 있는데요, 특히 한국인들이 가장 취약한 분야가 가족을 포함한 인간관계라고 합니다. 하버드대의 성인 발달연구에서도 "사람이 행복하고 건강하게 나이 들어 가는 것을 결정짓는 것은 지적 수준이나 계급이 아니라 사회적 인간관계"라고 강조하고 있습니다.

Q4. 역시 인간관계가 가장 중요하군요?

우선 은퇴 후 가장 많이 함께 보내는 사람이 배우자이기 때문에 배우자와의 관계가 가장 중요한데요, 배우자와의 원만한 관계는 건강에도 좋은 영향을 준다고 합니다. 통계청의 고령자 통계에 따르면 배우자가 있는 사람의 24.1%가 본인이 건강하다고 답한 반면, 배우자가 없는 사람은 11.8%에 그쳤습니다. 미국 시카고대학 노화센터의 조사에서도 심장병을 앓고 있는 기혼 남성은 건강한 심장을 가진 독신 남성보다 4년 정도 더 오래 살았고요, 부인과 함께 사는 남성은 매일 한 갑 이상 담배를 피워도 비흡연 이혼 남성만큼 오래 산 것으로 나타났다고 합니다.

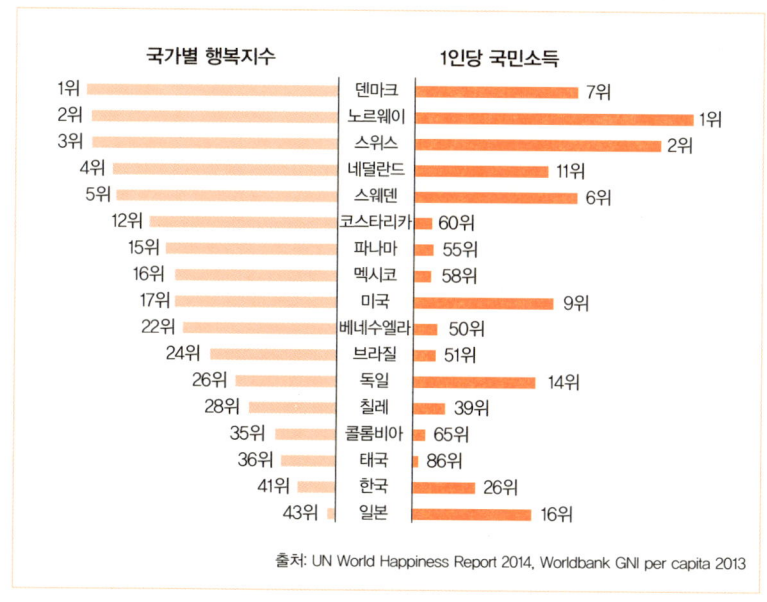

Q5. 역시 내 남편, 내 아내와의 관계가 중요하겠네요. 또 다른 인간관계도 말씀해 주시겠어요?

우리나라 은퇴자들은 전반적으로 공동체생활이 원활하지 않은 편인데요, 과거의 직장이나 조직에서 연결된 인맥에만 의존하지 말고 다양한 연령층과의 네트워크를 만드는 것이 좋습니다. 은퇴 후에는 생활의 중심이 일터에서 가정과 이웃으로 옮겨지기 때문에 새로운 공동체를 만들도록 노력해야 합니다. 좋은 인간관계는 노후생활 만족도를 높이는 데 아주 중요한데요, 대화할 상대, 어려울 때 의지할 수 있는 친구들이 있으면 은퇴

생활이 덜 외롭고 두뇌 활동과 면역체계가 활성화되어 건강에도 도움을 준다고 합니다.

Point 인생 제2막 성공 요인

- 은퇴 후에도 적극적인 경제 활동으로 경제력과 삶의 보람 찾기
- 배우자와의 원만한 관계는 기본
- 다양한 네트워크, 취미·여가 생활 등으로 사회적 인간관계도 구축

2

은퇴 후 행복을 주는 은행(隱幸) 주머니를 차라

> 딱히 일을 하는 것도 아니면서 하루 종일 쏘다니던 남편이 웬일로 후리지아 꽃을 한 다발 들고 왔다. 담뱃값을 아껴서 샀다고 생색을 내지만, 책 사이에 숨겨둔 비자금을 내가 모를 줄 알고. 그래도 돈을 허투루 쓰는 사람도 아니고, 덕분에 나도 오랜만에 꽃다발을 받으니 누이 좋고 매부 좋고, 아니 나 좋고 남편 좋고, 행복한 밤이다.

Q1. 소장님, 오늘은 어떤 주머니를 들고 나오셨습니까?

그간 은퇴와 관련한 이야기 주머니를 들고 나왔다면 오늘은 실제로 우리 삶에서 매우 필요한 돈 주머니를 들고 나왔습니다. 그렇다고 진짜 제가 돈 주머니를 드리는 것은 아니고요, 제 주장은 다음과 같습니다. "대한민국의 남편들이여, 하루 1만원을 타서 쓰는 '만원 인생'이 되지 말고 나만의 주머니를 차라."

Q2. 그러니까 배우자 몰래 챙겨두는 비상금이나 비밀자금 말씀이시죠?

맞습니다. 우리가 보통 딴 주머니를 차고 있어야 한다고 할 때 바로 그 주머니를 말하는데요, 보통 아내가 경제적 주도권을 쥐고 있어서 남편의 월급은 일단 아내가 관리하는 통장으로 들어간 다음 일정액을 타서 쓰게 됩니다. 그러다 보니 매월 용돈을 쪼개서 쓰느라 쩔쩔매는 남편들이 많을 수밖에 없지요.

Q3. 예전에 월급봉투가 있을 때는 상황이 다르지 않았나요?

옛날에는 월급봉투 가득 현금을 담아 부인에게 전하는 뿌듯함과 가장으로서의 권위가 있었고요, 일정 부분을 떼고 주거나 생활비만 주는 남편들도 많았습니다. 그러던 어느 날 월급이 송두리째 통장으로 들어가고, 그 통장을 부인들이 관리하기 시작하면서 회사에 다닐 때도, 은퇴한 후에도 남편들이 부인으로부터 받는 용돈으로 생활하는 비극(?)이 시작되고 말았습니다.

Q4. 그래서 이제 남편들이 딴 주머니를 차는 게 필요하다는 것인가요?

네, 저는 오래 전부터 주변의 친구와 선후배들에게 부부가 서로 눈감아주는 딴 주머니를 어느 정도 차고 있는 게 좋다고 조언하고 있는데요, 특히 은퇴한 후에 하루에 1만원을 타서 쓰는 '만 원 인생'이 되어서는 안 된다고 생각합니다. 수십 년간 열심히 일한 당신이 기껏 하루에 1만원을 타서 쓰는 인생이 되어서야 되겠느냐는 '대한민국 남편 대변인'으로서의 일갈입니다.

Q5. 그래도 딴 주머니를 차고 있는 남편들이 꽤 있는 것 같은데요?

우리 중 상당수는 가족, 특히 배우자 몰래 가지고 있는 돈이 있는데요, 이 돈을 허투루 쓰는 사람도 있겠지만, 잘 쓰기만 하면 나 자신은 물론 가족과 주변 사람들에게 주는 효용은 상상 이상으로 큽니다. 예를 들어 이 비상금을 가족 여행을 갔을 때 소소한 현금 지출에 쓰거나, 배우자와 자녀, 부모 등 가까운 가족을 상대로 사용할 경우 내가 쓰는 돈의 '한계효용(marginal utility)'을 극대화할 수 있습니다.

Q6. 한계효용이요? 좀 어려운 전문용어 같은데요?

한계효용은 어떤 재화 또는 서비스의 추가분에서 얻는 효용을 말하는데요, 쉽게 말하면 내가 쓰는 비상금에서 얻는 추가적인 만족의 정도라고 할 수 있습니다.

예를 들면, 초등학교 자녀에게 어머니가 매주 5천원의 용돈을 준다고 생각해 보십시오. 이 때 아버지도 아내(어머니)에게 매월 용돈을 받고 있다면 아버지로서 아이들에게 따로 용돈을 주기 어렵겠지요? 그런데 만약 아이의 성적이 크게 올랐거나

'은퇴 후 행복한 주머니'

절대 **만원 인생**이 되지 말라!

나만의 주머니를 차야 지금도, 노후도 행복하다!

태권도 승단심사를 통과한 경우 "그래, 우리 아들(딸) 정말 잘했구나!" 하면서 한 번 안아주고 마는 것이 좋을까요, 아니면 지갑에서 5천원짜리 한 장 꺼내 주는 게 좋을까요?

Q7. 그거야 현금이 최고 아니겠습니까?

그럼 아이가 아빠로부터 받은 5천원의 효용(만족)이 클까요, 어머니로부터 매주 받는 5천원의 효용이 클까요, 아니면 같은 5천원이니 효용이 같을까요?

당연히 아빠로부터 예상치 못하게 받은 5천원의 효용이 큽니다. 말장난 같지만 같은 5천원이 같은 5천원이 아니거든요. 예상하지 못했던 5천원이 추가적으로 주는 효용, 즉 한계효용이 엄청나게 더 크다고 할 수 있습니다.

Q8. 아, 이제 이해가 잘 되네요. 그런데 이 주머니에 특별한 이름을 붙이셨다면서요?

네, 저는 은행(隱幸) 주머니라고 부르고 있는데요, 우리가 예금을 하는 은행(銀行)이 아니라 '은퇴(隱退) 후 행복(幸福)'을 만들어주는 주머니라는 뜻입니다. 은퇴 후 행복을 주는 은행(隱幸) 주머니를 부부가 서로 적당하게 차고 있으면 은퇴하기 전 평소의 삶은 물론 특히 은퇴 후의 삶을 더 행복하게 만들어갈 수 있다는 뜻에서 제가 나름 생각 끝에 만들어낸 용어입니다.

은행 주머니를 필요할 때 적절하게 사용함으로써 내가 쓰는 돈의 한계효용을 극대화하면 '숨을 은(隱), 행복할 행(幸)'이라는 말 그대로 숨어 있는 소소한 행복 또한 극대화할 수 있다고 믿습니다. 물론 숨은 행복을 누리기 위해서는 부부가 평소에 서로의 은행 주머니를 모른 척 눈감아 주는 센스와 인내가 필요하다는 점도 강조하고 싶군요.

| Point | 은퇴 후 소소한 행복을 주는 은행(隱幸) 주머니 |

- 비상금은 같은 돈이어도 예상치 못한 만족을 주는 숨은 행복 주머니
- 소소한 행복을 위해 부부가 서로 모른 척 눈감아 주는 건 기본 센스

3

성공적인 은퇴 이주에 필요한 5C

> 요즘 귀농에 성공한 사람들의 다큐멘터리나 연예인들이 시골에서 자급자족하며 생활하는 에피소드를 담은 방송들이 큰 인기를 끌고 있다. 방송을 보면 누구나 한 번쯤 꿈꾸게 되는 전원생활. 하지만 현실에서는 시골생활에 적응하지 못하고 1, 2년 만에 다시 도시로 돌아온 실패한 사람도 쉽게 만날 수 있다. 은퇴 후 이주에 성공한 사람과 실패한 사람, 그 차이는 무엇일까?

Q1. 요즘 귀농 귀촌이 유행인데요, 은퇴 후 이주를 결정하는 원인에는 어떤 것들이 있을까요?

은퇴 후 이주를 하는 이유는 사람마다 다르지만, 크게 탈(脫)부동산, 탈(脫)도시화, 그리고 탈(脫)스트레스로 나눌 수 있습니다.

먼저 부동산 측면에서 보면, 자녀 교육비나 결혼비용 등으로 은퇴 시점에 모아 둔 금융자산이 부족한 데 반해 은퇴기간은 늘어나면서 부동산 비중을 낮추는 사람들을 중심으로 은퇴 후 거주지역을 옮기는 탈(脫)부동산 현상이 나타나고 있습니다.

Q2. 그럼 탈도시화는 부동산을 처분하고 도시를 떠나는 것이겠군요?

맞습니다. 탈도시화는 앞서 말씀드린 탈부동산 현상과 일맥상통하는 부분이 있는데요, 특히 여러 지방자치단체들이 은퇴인구를 끌어들이기 위해 노력하면서 도시에서 지방으로 인구 이동이 늘고 있습니다. 팍팍한 도시생활에 염증을 느낀 사람들이 한 번쯤 꿈꿔온 전원생활이 경제적인 이유나, 지자체의 정책 효과에 힘입어 실현되고 있는 것이지요.

Q3. 은퇴 이주의 마지막 원인으로는 스트레스 때문에 도시를 떠난다고 하셨는데요.

네, 탈스트레스도 은퇴 이주의 주요 원인으로 볼 수 있습니다. 치열한 경쟁 속에서 앞만 보고 달려오느라 속으로 참아왔던 불만이 경기 불황과 퇴직에 따른 분노와 억울함으로 표출되면서 50~60대 스트레스 환자가 늘고 있는데요. 이처럼 도시에서 스트레스를 받다가 귀농한 사람들의 생활 만족도가 높다고 합니다. 은퇴 후 일자리 문제나 사업실패, 환경오염과 소음공

해와 같은 스트레스 환경에서 벗어날 수 있게 되는 것이지요.

Q4. 그래도 도시에서 시골로 이사한다는 건 쉬운 결정은 아닌 것 같은데요, 어떻게 하면 성공적으로 옮길 수 있을까요?

은퇴 이주의 성공 요인은 여러 가지가 있는데요, 쉽게 다섯 가지 전략 '5C'를 기억하면 좋습니다. 5C는 부부 간의 합의(Consensus)와 거주환경(Circumstance), 건강 상태(Condition for Health), 은퇴 이주에 따른 비용(Cost), 그리고 공동체(Community)를 말합니다.

Q5. 아, 부부 간에 뜻이 맞지 않으면 귀농 귀촌이 처음부터 쉽지 않겠네요. 하나씩 설명해 주시겠어요?

네, 은퇴 후 이주에 대한 부부 간 의견 차이가 크기 때문에 무엇보다 부부 간의 의견 조율(Consensus)이 필요합니다. 일반적으로 남성들은 자신이 속해 있는 지역 공동체에 대한 충성도가 낮고 자연환경에 대한 선호도는 높은 반면, 여성들은 자신이 살고 있는 지역 사람들과의 교류와 생활 편의성을 중시하기 때문에 거주환경 변화에 대해 부정적인 편입니다. 은퇴 이주로 발생할 수 있는 갈등의 불씨를 없애기 위해, 은퇴 이주를 결정하기 전에 부부 간 의견을 모을 필요가 있습니다.

Q6. 부부가 이주를 합의한다고 해도, 원하는 이주 환경에서 차이가 있을 수도 있는데요.

네, 맞습니다. 보건사회연구원에 따르면 베이비붐 세대의 경우 은퇴 이주지역으로 '산 좋고 물 좋은' 쾌적한 자연환경(Circumstance)을 최우선으로 선택한다고 합니다. 도시에서 떠나는 만큼 좋은 자연환경은 역시 필수적인 것 같습니다.

또 지역을 고를 때 반드시 고려해야 할 것이 바로 건강 상태(Condition for Health)입니다. 노후에는 아무래도 건강 문제가 발생하게 마련인데요, 그만큼 의료시설에 쉽게 접근할 수 있도록 주변 의료시설을 따져보아야 합니다. 자연환경만 보고 외딴 곳에 거주지를 결정해서 노후에 몸이 아파도 병원에 가기 어려워지는 일은 막아야 합니다.

Q7. 도시의 높은 물가를 피해 지방으로 가는 만큼 경제적인 면도 고려해야겠지요?

물론입니다. 은퇴 후 가장 큰 변화는 현역 시절 정기적으로 받아온 급여를 받지 못하는 것인데요, 소득이 감소하는 만큼 소비를 줄이는 것은 쉽지 않습니다. 특히 60세 이상의 소비지출 항목을 보면 주거·수도·광열이 차지하는 비율이 13%로 전체 소비품목 가운데 두 번째로 높습니다. 즉, 은퇴 후 주거지역을 선택할 때에는 교통비와 식료품비, 주거비 등 기본적인

성공적인 은퇴 이주 키워드 5C

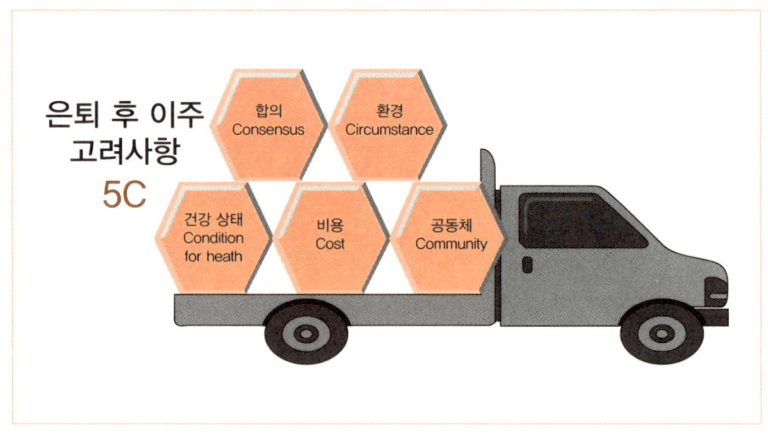

생활에 소요되는 비용(Cost)을 잘 따져보고 효율적으로 관리할 필요가 있습니다.

Q8. 네 가지 C는 잘 이해가 되는데요, 마지막 공동체(Community)는 어떤 뜻이지요?

은퇴했다고 직장 동료나 친구들과 교류를 끊고 고립되는 것은 바람직한 선택으로 보기 어렵습니다. 은퇴하기 전부터 취미 동호회 등으로 인적 네트워크를 넓히는 방법을 찾아보아야 합니다. 최근에는 은퇴자들의 사회 참여를 유도하기 위해 지역공동체를 중심으로 다양한 프로그램이 마련되어 있으니까 지역 내 문화센터 등을 살펴보는 것도 좋습니다. 특히 지역에 따라 외지인에 대한 텃세가 심하거나, 반대로 환영하는 곳들도 있으니 지역 특색도 고려하면 더욱 즐거운 생활을 보낼 수 있습니다.

Point 성공적인 은퇴 후 이주를 위한 5C
- 이주 후 발생할 수 있는 갈등의 불씨를 없애기 위한 부부 간 합의
- 쾌적하고 안전한 곳을 찾기 위한 자연환경과 건강 상태
- 체계적인 소비지출 계획과 사회활동을 위한 공동체도 필수

4

취미와 봉사로 꽃할배 되기

> 컴퓨터 앞에 앉아 생태학교 커뮤니티에 야생화 사진을 올리던 김 씨 (65)는 전화 한 통을 받고 부리나케 뛰어나간다. 성당에서 목욕봉사가 있는 날이라는 것을 깜빡한 것. 서두르지 않으면 저녁에 있는 '말목회' 모임에도 늦을 것 같다. 어째 퇴직하기 전보다 더 바빠진 것 같기도 하지만, 좋아서 하는 일이니 발걸음은 더 가볍다.

Q1. 요즘 신문이나 TV에서 꽃중년, 꽃할배 같은 말을 많이 접하는데요.

모 방송에서 이순재 씨 같은 고령 연기자들이 황혼의 배낭여행을 떠나는 모습을 담아 선풍적인 인기를 끌고 있는데요, 그 후로 꽃중년, 꽃할배라는 말이 흔하게 쓰이는 것 같습니다. 과연 저 나이에 무사히 여행을 할 수 있을까 걱정했지만, 체력이 참 좋으시더라고요. 그 분들은 연예인이라 관리를 잘 받았고, 끼도 넘치니 그렇다고 치겠지만, 요즘은 그냥 길을 돌아다녀도 청바지를 입은 어르신이나 젊은 사람들과 거리낌 없이 섞여서 이야기를 나누는 시니어들을 쉽게 찾아볼 수 있습니다.

Q2. 맞아요, 왜 대기업 임원이었다가 웨이터 하신 분도 있지 않았나요?

지난해 별세한 서상록 어르신을 말씀하시는 것 같네요. 대기업 부회장을 하다가 모 호텔 레스토랑 웨이터로 변신해 큰 관심을 받았었는데요, 그 후에도 노인권익보호당 소속으로 대선에도 출마하고, 다양한 강연도 하신 진짜 액티브 시니어(Active senior)였습니다.

그 밖에도 대기업 부사장을 그만두고 지금은 와인바를 운영하는 분도 계십니다. 이 분은 한국에 와인이 거의 들어오지도 않았던 1970년대부터 와인에 심취했는데요, 부사장 시절 외국 바이어 접대 당시 바이어가 태어난 해의 와인을 공수하면서 5조원 규모의 계약을 따낸 것은 지금도 전설처럼 회자된다고 합니다.

Q3. 정말 멋있네요. 그래도 없던 취미를 억지로 만들기도 쉽지 않고, 무료한 시간을 어떻게 달래면 좋을까요?

우선은 무조건 집 밖으로 나가서 다양한 것들을 접해보면 좋

65세 이상을 위한 교통 및 문화생활 할인제도

지원 내용	신청방법 및 문의
지하철 무료 이용 KTX, 새마을호, 무궁화호 30% 할인	이용시 신분증 제시 (코레일 1544-7788)
대한항공, 아시아나항공 10% 할인	이용시 신분증 제시 (대한항공 1588-2001 / 아시아나 1588-8000)
국내 연안여객선 20% 할인	이용시 신분증 제시 (한국해운조합 02-6096-2000)
고궁, 능원, 국공립 박물관·미술관·공원 무료 입장 국공립 국악원 50% 이상 기타 국공립 공연장 50% 할인	입장시 신분증 제시 (보건복지콜센터 129)

※ 시즌(성수기/비수기), 요일(주말, 공휴일), 노선별로 차이가 있을 수 있으며, 신분증 제시 필요

겠습니다. 우리 주위에 의외로 큰돈을 들이지 않고도 즐길 수 있는 일들이 있거든요.

정부 지원으로 65세 이상은 국공립 박물관이나 미술관에 무료로 입장할 수 있고요, 대도시의 경우 지하철을 무료로 이용할 수 있으니 작은 여행을 하는 기분으로 가보지 않은 동네로 떠나보는 것도 좋습니다. 지하철역이나 주민센터 등에서 미니 도서관을 운영하거나 작은 콘서트를 열기도 합니다.

Q4. 그러고 보니 기차도 할인이 되었던 것 같네요.

네, KTX나 무궁화호, 새마을호는 30% 정도 할인이 되는데요, 울산에서 경주까지는 왕복 4천원이면 되니 학창시절에 수학여행 가는 기분으로 경주 나들이를 가는 것도 좋을 것 같습

니다. 그리고 서울이나 인천, 대구 같은 곳에서는 2천원이면 추억의 영화를 볼 수 있는 실버 영화관도 있습니다.

Q5. 추억의 영화부터 수학여행까지 좋은 곳들이 참 많네요. 기왕이면 용돈도 좀 벌고, 보람도 얻을 수 있는 일은 없을까요?

한국노인인력개발원이나 노인종합복지관협회 같은 곳에 보면 시니어 인턴십이나 정부지원 일자리 관련 정보가 있습니다. 이곳을 통해 노노(老老) 케어나 도시락 배달, 노인 안부전화 같이 약간의 돈을 벌 수 있는 일거리나 자원봉사 정보를 얻을 수 있습니다.

그리고 경험이 많은 어르신들일수록 좋은 일거리가 또 하나 있는데요, 지자체마다 지역주민들을 활용해서 관광객이나 학생을 대상으로 마을이나 문화유적, 숲이나 강을 설명해주는 해설사를 육성하고 있습니다.

Q6. 젊은 사람들보다 마을 전통이나 숨은 이야기도 잘 알고 있으니 훨씬 잘할 수 있겠네요.

네, 그렇지요. 게다가 외출을 하면서 햇빛을 맞으면 비타민D가 형성되는데요, 이 비타민D는 칼슘 흡수를 도와 척추를 곧게 해주기 때문에, 곧고 당당한 자세를 유지할 수 있어서 활기차고 멋진 꽃중년, 꽃할배에 한 걸음 다가갈 것 같습니다.

그리고 다양한 사람들과 만나는 만큼 대화도 더욱 풍부해지고, 외로움이나 소외감도 줄어들어서 정신적으로도, 육체적으로도 긍정의 힘을 얻을 수 있습니다.

Point   액티브 시니어(Active senior) 노하우

- 교통 및 문화시설 할인 등 시니어를 위한 다양한 할인제도를 노려라
- 한국노인인력개발원, 마을 복지관 등을 활용해 소일거리를 찾아라

5

SNS에서 스마트한 노후 인생 찾기

> 휘파람을 불며 집으로 들어온 윤 모(58)씨. 얼마 전 '밴드' 모임에서 고등학교 동창들과 연락이 닿아 한 잔 하고 오는 길이다. 40년 만에 만나는 데도 엊그제 만난 것처럼 어찌나 떠들썩하던지. 예전 같으면 또 술이라고 구박하던 마누라도 손녀와 영상통화를 하는 재미에 빠져서 잔소리가 줄었다.

Q1. 요즘은 매일같이 듣는 말인데요, 이 SNS라는 것이 어떤 의미인가요?

특정한 관심이나 활동을 공유하는 사람들을 연결해주는 온라인 네트워크 서비스를 SNS라고 하는데요, 최근 스마트폰이 보급되고 페이스북이나 밴드 등이 폭발적으로 성장하면서 사회적인 관심을 모으고 있습니다.

Q2. 우리가 잘 알고 있는 SNS에는 어떤 것들이 있을까요?

가장 많이 이용하는 SNS로 카카오톡이 있는데요, 신속한 쌍방향 소통이 가능하다는 매력이 있지요. SNS는 크게 페이스북이나 트위터와 같이 누구에게나 열려 있는 개방형 SNS와 밴드 모임과 카카오스토리 같은 폐쇄형 SNS로 구분되는데요, 중장년층에서는 사생활이 보호되고, 특정 계층이나 집단 내 유대감을 중시하는 폐쇄형 SNS의 사용이 많은 편입니다.

Q3. 시니어들의 스마트폰 보급률이 크게 늘었다고는 하지만, 여전히 스마트폰은 친해지기 어려운 존재 아닌가요?

중장년층의 높은 스마트폰 보급률과는 달리 SNS 사용률은 아직은 낮은 수준이기는 합니다. 하지만 어렵다는 선입견을 없애고 배운다면 누구든 손쉽게 SNS로 소통하고, 참여하고, 정보를 얻을 수 있습니다. 그리고 무엇보다 SNS를 이용하는 가장 큰 이유는 친목 도모입니다. 스마트폰과 SNS는 어느새 인간관계를 유지하는 데에 있어서 빠질 수 없는 도구로 자리 잡았기 때문에, 굳이 알 필요가 없는 것이 아니라 반드시 배워서 사용해야 하는 것이지요.

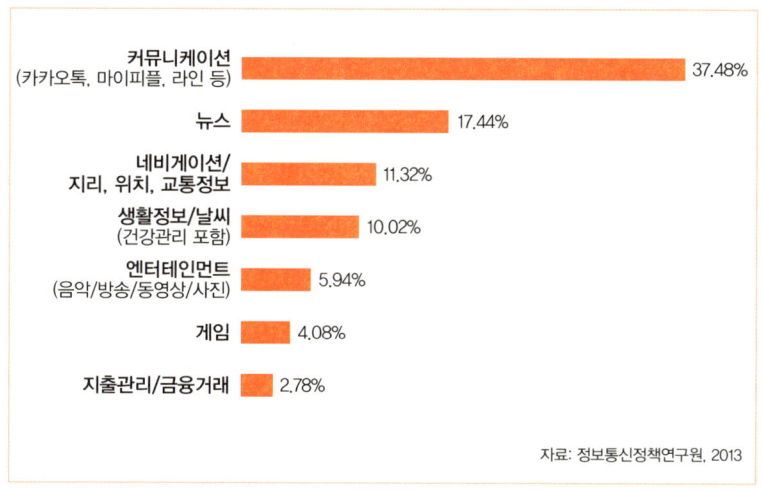

Q4. SNS를 사용하게 되면 라이프 스타일에도 많은 변화가 생기겠지요?

네, 시니어들에게 다양한 소통의 창구가 생겨나게 됩니다. SNS를 통해 끼리끼리 모여 소통할 수 있기 때문에, 소원했던 인간관계를 회복하고 공감대를 형성할 수 있는 좋은 계기가 될 수 있습니다. 가족이나 친구들과 SNS로 손쉽게 소통하고, 나이 어린 손주들과도 스스럼없이 대화할 수 있지요. 점차 사용이 익숙해지게 되면, 나아가서 뉴스 검색이나 건강관리, 금융거래나 온라인 쇼핑까지 할 수 있어 은퇴 후 생활에 큰 변화가 올 것입니다. 특히 은퇴 후 창업을 생각하신다면 홍보나 마케팅 측면에서도 충분히 활용할 수 있습니다.

Q5. SNS가 어쩌면 노후 인생을 바꿀 수도 있다고 느껴지는데요, 주의해야 하는 부분도 있나요?

시니어들이 SNS를 사용할 때 특히 당부드리고 싶은 것은 과도한 사생활 노출에 따른 프라이버시 침해나 무분별한 정보남용 문제가 있을 수 있다는 점입니다. 또한 젊은 사람에 비해 사이버 폭력이나 스미싱 사기, 허위사실 유포 등과 같은 범죄 피해에 대한 대처도 미흡할 수 있으니 주의하셔야 합니다. 그리고 불필요한 인맥 관리에서 오는 피로감 또한 만만치 않다는 점도 유의하셔야 합니다.

요즘은 태블릿 PC에 그림을 그려 전문 화가로 활동하거나, 모바일을 이용해 요리법을 알려주는 분과 같이 은퇴 후 스마트 기기와 SNS를 활용해 내재로운 인생 2막을 살아가는 분들이 많습니다. 용기를 내어 스마트폰과 SNS를 배우게 되면, 다양한 소통 속에서 행복한 노후 생활을 찾을 수 있을 것입니다.

Point 친목 도모의 필수 도구, **SNS**(Social Network Service)
- 카카오톡이나 밴드, 페이스북으로 친목을 도모하는 유용한 수단
- 은퇴 후 자신감 회복, 우울증 해소에 제격
- 과도한 사용은 금물, 사생활 침해나 범죄 노출에 주의

일본 시니어들의 '느슨한 창업'

시니어 창업의 체크 포인트

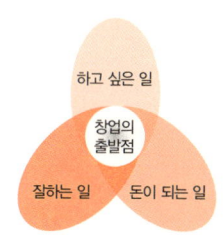

✓ '하고 싶은 일' '잘하는 일' '돈이 되는 일'의
  3대 접점 찾기
  • 수익성을 중시하는 청년창업과 차별

✓ **3년 이상 준비하고 어깨에 힘 빼야**
  • 탄탄한 재무계획과 겸손한 자세

✓ **창업의 밑거름은 즐거움과 건강!**
  • 무리하지 않는 범위 안에서 보람 찾기

　일본의 은퇴자들은 적은 투자 비용으로 하고 싶은 일을 살린 사업을 하며, 적은 수익으로 만족하는 느슨한 창업(유루키교; ゆる起業)을 선호합니다.

● 애완견 산책 대행업체 JTL의 후루타(71) 사장은 20년 전에 전단지 몇 장으로 사업을 시작해 지금은 일본 전역에 70개의 프랜차이즈 가맹점을 가지고 있습니다. 건강과 돈, 두 마리 토끼를 잡을 수 있어 은퇴한 시니어에게 인기입니다.

● 청과상을 운영해 온 가와키타(73) 씨는 몇 년 전 아들에게 가게를 물려주고 우동 가게를 차렸습니다. 신선하고 독특한 채소로 우동을 만들어, 특히 젊은 여성 고객이 많습니다.

● 전직 요리사인 시미즈(65) 씨는 지난해 장보기 대행 서비스를 시작했습니다. 평생 요리를 해온 만큼 단골 가게도 많고, 좋은 재료를 구분할 수 있어 고객이 늘고 있습니다.

한화생명 은퇴스토리 04

라디오와 함께하는 Q&A 은퇴스토리

지은이 한화생명 은퇴연구소
펴낸이 박영발
펴낸곳 W미디어
등록 제2005-000030호
1쇄 발행 2015년 4월 11일
주소 서울시 양천구 목동 907 현대월드타워 1905호
전화 6678-0708
e-mail : wmedia@naver.com

ISBN 978-89-91761-61-2(세트)
ISBN 978-89-91761-82-7 14320

값 6,000원

• 이 책에 대한 문의는 한화생명 은퇴연구소(전화 02-789-6619)로 해주시기 바랍니다.